Karin van Mourik

Sogkräfte

Ein Leben zwischen
Deutschland und Russland

Unter Mitarbeit von Natalia Barannikova,
Co-Autorin der russischen Fassung

Autorisierte Übertragung aus dem Russischen und Bearbeitung
von Elisabeth Cheauré

HERDER

FREIBURG · BASEL · WIEN

Verlag Herder GmbH, Freiburg im Breisgau 2022
Alle Rechte vorbehalten
www.herder.de

Satz: ZeroSoft SRL, Timişoara
Herstellung: GGP Media GmbH, Pößneck
Printed in Germany

ISBN Print: 978-3-451-38868-2
ISBN E-Book (EPUB): 978-3-451-82967-3

Inhalt

Vorwort

Geschichten. Immer wieder und überall meine „russischen Geschichten". Und dann meist dieselbe Reaktion: „Darüber müssen Sie doch ein Buch schreiben!" Ich konnte mir das aber nicht vorstellen, denn das mündliche Erzählen liegt mir einfach mehr.

Und so war es ein Glücksfall, dass ich Natalia Barannikova traf, mich mit ihr anfreundete und mich kurz darauf das Angebot aus Russland erreichte, meine Geschichten als Buch zu veröffentlichen. Wir begannen mit der Arbeit: Ich erzählte in russischer Sprache über mein Leben, und Natalia formte daraus einen literarischen Text. Dafür kann ich ihr nicht genug danken.

Das Produkt unserer gemeinsamen Arbeit erschien dann tatsächlich 2018 unter dem russischen Titel „Perevod Russkogo. Dnevnik frojljajn Mjuller – frau Ivanov" („Übersetzung des Russischen. Das Tagebuch von Fräulein Müller – Frau Iwanow") im Moskauer Bombora-Verlag. Es folgten viel beachtete Buchpräsentationen in Russland und bald auch eine erste Vorstellung des Buches im Rahmen einer Veranstaltung des Freiburger Zwetajewa-Zentrums und der West-Ost-Gesellschaft. Auch diese erste Lesung einzelner Kapitel aus der deutschen Übersetzung, mit der mich meine Freundin, die Freiburger Slawistin Elisabeth Cheauré, beschenkt hatte, fand großen Zuspruch.

Dennoch zögerte ich lange, diese Sammlung von Episoden meines Lebens und meinen speziellen, von jahrzehntelanger Erfahrung geprägten Blick auf Russland zur Gänze einem deutschen Publikum zu präsentieren.

Die Gründe dafür waren komplex: Zum einen finden sich in der russischen Fassung des Textes Kapitel und einzelne Passagen, die mir entweder zu persönlich erscheinen oder explizit für eine russische Leserschaft geschrieben sind. Zum anderen aber erwies sich der russische Text mit seinem stellenweise romantisierenden oder auch pauschalisierenden Duktus auf Deutsch erstaunlicherweise als befremdlich. Ich musste erkennen, dass die deutsche Fassung an nicht wenigen Stellen und in einigen Kapiteln nicht mehr meinem Wesen und meiner Art des Erzählens entsprach. Zugleich aber erhob der Text nach wie vor den Anspruch, „mein Leben" abzubilden.

Ich schlug mich mehr als zwei Jahre mit dem Dilemma herum, den deutschen Text in der ursprünglichen Fassung nicht weiter verbreiten zu wollen, auch um mich selbst zu schützen. Zugleich aber war es mir ein Anliegen, mit meiner Familie, mit meinen Freundinnen und Freunden und auch mit anderen an Russland Interessierten meine Erlebnisse, Erfahrungen und Erkenntnisse im deutsch-russischen „Zwischenraum" zu teilen. Ich danke daher Elisabeth Cheauré sehr für ihre Bereitschaft, den deutschen Text mit mir zusammen einer stellenweise radikalen Überarbeitung zu unterziehen. Die vorliegende Fassung, die vom russischen Original an vielen Stellen abweicht, ist damit von mir autorisiert.

Mein Dank gilt auch meinem geliebten Mann Jan Kees, der das Entstehen dieses Buches mit nie nachlassendem Interesse begleitet hat, sowie Frau Dr. Regine Nohejl und Matthias Deutschmann für ihre kritische Durchsicht des Textes.

Das Buch, das auf besondere Weise erst in russischer Sprache entstanden ist und dann eine elementare Revision für eine deutschsprachige Leserschaft erfahren hat, bietet keine „Potemkinschen Dörfer", nichts Ausgedachtes, mit Ausnahme der fingierten Namen, die die meisten Protagonisten tragen. Es ist ein Versuch, mein Leben, das auf vielen Ebenen, privat wie geschäftlich, mit Russland verbunden war und ist, zu reflektieren – auch wenn es aufgrund der jüngsten politischen Entwicklungen wie ein Bericht aus einer versunkenen Welt anmuten mag. Aber alles, was ich an Positivem und Negativem erlebt und erfahren habe, ist eben – Russland. Ein Land, das für mich starke Sogkräfte entwickelt hat. Um den verführerischen wie auch bisweilen verhängnisvollen Anziehungen nicht mit Haut und Haaren zu erliegen, war ich froh, zugleich fest in Deutschland verwurzelt geblieben zu sein. So habe ich bewusst ein Leben zwischen Deutschland und Russland gewählt.

Freiburg, im Juni 2022   Karin van Mourik

Wie ich beschloss,
Russisch zu lernen (1975)

Ich habe gar nichts beschlossen. Irgendwie wurde für mich entschieden. Warum – das weiß höchstens der liebe Gott.

Natürlich kam dazu kein Engel angeflogen, natürlich war es keine Offenbarung, und doch weiß ich eines sehr genau: Russisch zu lernen, mit all den Folgen, die daraus erwachsen würden, war keine bewusste, sondern eine sehr spontane Entscheidung.

Zu diesem Zeitpunkt war alles Russische für mich rätselhaft und verschlossen. Ein Geheimnis. Und natürlich gerade deshalb faszinierend. Frost. Pelz. Schlitten. Troika. Der Film *Doktor Schiwago*, zehn Mal gesehen. Diese unglaubliche Leidenschaft in den dunklen, feuchten Augen von Omar Sharif, Zärtlichkeit, Mitgefühl, Kühnheit – alles zusammen ein Sinnbild für ein edles, ja fast erhabenes Russland. Sogar die russische Revolution bekam ein romantisches Antlitz, so stellte ich mir das jedenfalls vor. Vor der unfassbar riesigen Sowjetunion hinter dem Eisernen Vorhang hatte ich zwar irgendwie Angst, aber diese Angst, diese Furcht zog mich in eigenartiger Weise an.

Und dann der Satz, im Traum gehört und auch in wachem Zustand. Der Satz meines Vaters, eines ehemaligen Kriegsgefangenen: Kogda puskaete domoj? Wann entlasst ihr uns nach Hause? Ein Satz, mir von Kindheit an vertraut … zunächst jedoch nur eine Ansammlung von Lauten.

Frankreich dagegen liebte ich schon immer, ich sprach auch sehr gut Französisch. Ich träumte davon, Dolmetscherin zu werden (damals, 1974, mein Traumberuf – noch ohne zu verstehen, dass dies eine

Tätigkeit ist, die meinem Temperament nicht entspricht). Ich wollte die französische Sprache vollkommen beherrschen, ohne nachzudenken, wollte mich frei wie ein Vogel am Himmel fühlen, in Melodien baden … die Eleganz der Sprache in mich aufnehmen … mein Deutschsein etwas abmildern …

Für die Ausbildung zur Dolmetscherin hätte ich meine Heimatstadt verlassen müssen. Meine Eltern aber durchlebten damals eine finanziell schwierige Zeit und baten mich inständig, nicht wegzugehen.

Aber was dann? Romanistik an der Freiburger Universität zu studieren, bedeutete damals, dass man nur Lehrerin werden konnte. Und das war nun gar nichts für mich.

Und so studierte ich notgedrungen als zweites Fach Anglistik. Aber die englische Sprache hatte für mich schon damals den etwas zweifelhaften Ruf eines reinen „Kommunikationsinstruments". Ich mochte die Sprache nicht. Punkt.

In einer Lehrveranstaltung zur englischen Literatur, ich war gelangweilt und unglücklich über dieses Studienfach, kam mir blitzartig eine rettende Idee. Ich wartete ungeduldig das Ende der Vorlesung ab, ging ins Studentensekretariat und schrieb mich für Slawistik ein.

Beim Mittagessen, ich weiß noch, es gab saure Leber, die ich ohnehin noch nie gemocht hatte, teilte ich den Eltern dann meinen Entschluss mit: Ich werde Russisch studieren.

Die Eltern brachen nur deshalb nicht zusammen, weil sie schon saßen. Sie saßen weiter auf ihren Stühlen, schweigend, sie aßen – scheinbar ruhig – sogar weiter. Aber es herrschte eine solche Grabesstille, dass die Gabeln, wenn sie die Teller berührten, ein glockenähnliches Geräusch von sich gaben. Ich selbst hatte einen dicken Kloß im Hals wie noch nie im Leben. Irgendwie aber auch ein Gefühl von Mitleid mit meinen Eltern, es war mir unangenehm, sie direkt anzublicken.

Sie erklärten rundheraus, das habe keine Zukunft. Ich hätte keine Zukunft. Russisch zu lernen sei der reine Wahnsinn. Die Situation war eigentlich verfahren, geradezu hoffnungslos, denn ich verstand augenblicklich, dass meine Eltern in diesem Moment eines mit letzter Sicherheit wussten: Sie würden mich nicht davon abbringen können.

Das Unverständnis meiner Eltern ertrug ich mit erstaunlicher Ruhe, so gelassen, wie man mit Unabänderlichem umgeht, mit einem trüben Montagmorgen zum Beispiel.

Die Idee aber, Russisch zu studieren, wurde immer stärker und intensiver. Bald hatte ich das Gefühl, damit nicht bis zum Beginn des neuen Semesters warten zu können Und so trat ich wenigstens dem Russischen Chor bei, den es an der Freiburger Universität seit Jahrzehnten gab und auch heute noch gibt.

Ich sang mit Inbrunst „Vo pole berezon'ka stojala" (Auf dem Felde steht ein Birk'chen), lernte den Text in der lateinischen Umschrift aus dem Kyrillischen, handgeschrieben vom Chorleiter, „Väterchen" Alexander Kresling. Natürlich verstand ich überhaupt nichts vom Inhalt, von meiner kühnen Idee aber war ich mehr und mehr begeistert.

Ja, die Eltern … Das war das eine. Aber selbst die Professoren der Universität sagten uns offen ins Gesicht: Wir hätten keine Zukunft, wir, diese Studenten, die es wagten, Russisch zu studieren. Allerdings war auch uns selbst klar: Aus Westdeutschland kommend, in die Sowjetunion zu reisen, war schwierig, vielleicht auch gefährlich.

Wenn ich überhaupt über meine Zukunft nachdachte, so stand mir immer ein einziges Bild vor Augen, eine Szene aus dem Film *Doktor Schiwago*: Schienen, die sich irgendwohin im fernen Schnee verlieren.

Im Leningrader Blockade-Museum (1977)

Bis zu jenem Tag hatte ich nur ein Gefühl. Deutschland, und gerade die Generation meiner Eltern, hatte unfassbar schwer gesündigt. Ich hatte diese Schuld selbstverständlich angenommen, als nicht zu vergebende Schuld, auch für mich persönlich. Diese Schuld nicht mehr tragen zu müssen, von ihr befreit zu werden, gar erleichtert durchatmen zu können – das war für mich unvorstellbar. Die Schuld war immer da, Nachfragen waren verboten, ein Hinterfragen noch mehr. Deutsche Volkslieder zu singen – unangebracht. Die deutsche Fahne zu schwingen – gar nicht zu denken. Kurz gesagt, positive Gefühle gegenüber meinem eigenen Land existierten nicht, dafür reichlich Unbehagen, eine Deutsche zu sein.

Wir, die meisten Westdeutschen meiner Generation, leben bis zum heutigen Tage in dem Bewusstsein, dass diese Schuld niemals getilgt und die Verbrechen durch nichts gesühnt werden können. Auch die Tatsache, dass man ja selbst nichts Schlechtes getan hat, hilft nicht. Ich weiß nicht, wie andere darüber denken, aber ich konnte mich damals des Eindrucks nicht erwehren, dass sich die Ostdeutschen nicht in gleichem Maße mit diesen Fragen abquälten. So, als hätten sie automatisch Vergebung erfahren, als sie den Weg in Richtung Kommunismus eingeschlagen hatten.

1977. Ich, jung, graublaue Augen, strohblondes Haar. Trotz meiner Jugend schon damals so etwas wie eine sprudelnde Quelle für eine psychologische Arbeit zum Thema „Schuldkomplex". Zum ersten Mal in der Sowjetunion, in Leningrad, und froh, in einer Gruppe von

Schweizer Studenten mitreisen zu können, die hier Russisch lernten. Über meine wahre Herkunft wussten vielleicht nur jene freundlichen jungen Männer Bescheid, die zu unserer Begleitung abgestellt waren, wohl Komsomolzenführer mit dem Auftrag, unsere Gruppe zu beobachten.

Ich galt sicherlich nicht als Spionin, aber irgendwie empfand ich die Schweizer Gruppe dennoch als eine Art Schutzschild, unter dem ich relativ gelassen durch Leningrad spazieren konnte. Diese Ruhe hielt an, bis wir das Blockade-Museum der Stadt Leningrad besuchten, das in einem früheren Bombenschutzkeller untergebracht war.

Hier erzählte man uns zuallererst von den Gräueltaten der Deutschen, von der über 900 Tage andauernden Blockade Leningrads, von der ich so gut wie nichts wusste. Uns wurde alles erzählt, worüber zu Hause, in der Heimat, geschwiegen worden war. Und der Exkursionsführer hielt – im Glauben, eine Schweizer Gruppe vor sich zu haben – mit seiner Meinung über den Faschismus nicht hinter dem Berg.

Im Bombenschutzkeller wurden Explosionen nachgestellt. Die Wände wackelten, in den Fluren flackerten kleine Lampen. Unfassbarer Lärm, schreckliche Bilder, zutiefst beängstigend.

In einem anderen Raum erblickte ich in einer Vitrine die Uniform und den Helm eines deutschen Soldaten. Uns wurde erzählt, dass er von einem tapferen Jungen, einem Helden, getötet worden sei. Dieser Junge war ein Held, weil er viele Faschisten getötet hatte. Auf dem kleinen Schild an der Vitrine las ich, dass der getötete Soldat Hans geheißen hatte, dass er 19 Jahre alt gewesen war, als er starb, und dass er aus einer deutschen Kleinstadt stammte. Was der Exkursionsführer weiter sagte, nahm ich nur noch unbewusst wahr, ich blieb stehen und starrte stumpf auf Einzelheiten der Trophäen: Knöpfe, Abzeichen auf der Uniform, Kratzer am Gürtel, die Ziffern auf der metallenen Erkennungsmarke. Und dann sah ich ihn. Den Brief, der aus der ledernen Gürteltasche ragte.

Zeilen, akkurat mit Feder und Tinte geschrieben, in meiner eigenen Sprache. Ich hatte das Gefühl, als freuten sich die Buchstaben, endlich gelesen und verstanden zu werden. Ich las geradezu gierig, las noch einmal, las alles, was ich irgendwie entziffern konnte. Es war ein Brief der Mutter von Hans. Vielleicht spätabends geschrieben, die Küche war sauber gemacht, die kleineren Kinder ins Bett gebracht, Stille, nur das Ticken des Uhrzeigers ist zu hören. … Der Krieg war wohl noch nicht bis auf die Schwäbische Alb gelangt. Ein Brief voller Hoffnung, dass der geliebte Sohn heil nach Hause kommen werde. Die Mutter schickt ihm warme Strümpfe, selbst gestrickt. Diese Strümpfe lagen auch da, in der Vitrine, mitten unter den Trophäen.

Aber vielleicht bildete ich mir das auch nur ein.

Die Sachen von Hans schwiegen hinter dem Glas. Auch ich stand schweigend, zur Salzsäule erstarrt. Mitten unter allen anderen, die diskutierten, ihr Mitgefühl zeigten und offensichtlich tief bewegt waren. Mit meinem Verstand war ich bei ihnen, meine Seele aber war ganz woanders, hinter dem dicken Glas der Vitrine.

Und plötzlich löste sich der Knoten. Der Knoten „Identität". Hier, in einem Leningrader Bombenkeller, wurde mir das ganze Grauen bewusst, das mit meiner Nation verbunden ist. Und zugleich wurde mir schlagartig bewusst: Ich gehöre trotz alledem zu Hans und zu meinem Volk. Ich bin – eine Deutsche.

Geschichte einer Liebe (1977)

Wir begegneten uns am ersten Tag meines Aufenthalts in Leningrad, genauer gesagt: in den ersten Stunden. Direkt auf der Straße. Bumm. Er hatte an diesem Abend etwas vor und ich etwas ganz anderes. Ich hetzte meiner Gruppe zum Abendessen in die Mensa nach, hatte getrödelt, mich verspätet. Die ganze Gruppe war verspätet. Kaum vom Flughafen gekommen, in Hektik die Zimmer bezogen, regelrecht angetrieben. Ab zum Abendessen, sofort, viel zu spät. Und so trafen zwei Menschen aufeinander ohne romantische Begleitumstände.

Ich schritt kräftig und zielgerichtet aus, vom Studentenheim Richtung Mensa, die in einem anderen Gebäude untergebracht war. Und er rollte mit einem leichten Fahrrad auf mich zu.

Er fragt mich etwas. Irgendetwas zu irgendeinem Durchgang zu irgendeinem Haus. Was soll ich da sagen? Er grinst von Ohr zu Ohr. Wahrscheinlich versteht er sofort, dass ich gar nichts sagen werde. Gar nichts sagen kann. Vielleicht lacht er deshalb. Eines ist klar: Ich bin von Kopf bis Fuß Ausländerin. Allein mein Gang! Auch heute erkenne ich aus einem Kilometer Entfernung eine russische Frau allein schon am Gang: kleine Schritte, weiches Auftreten. Das kann ich bis heute nicht.

Bitte, sagen Sie doch, wo ist dieser Durchgang? – Hä?

Wenn er gefragt hätte, sagen Sie bitte, wo ist hier die Venus? – Ich hätte auch versucht, ihm irgendwie eine Antwort zu geben. Er war einfach hinreißend!

Er tut erstaunt, als er meinen Akzent hört. Und dann bin ich erstaunt, weil er plötzlich ins Deutsche wechselt (sein Deutsch ist noch viel schlechter als mein Russisch).

Er gibt mir seine Telefonnummer, eilig mit irgendeinem Stift auf irgendein Papier gekritzelt, er bietet seine Dienste als Fremdenführer an, als Lehrer der russischen Sprache, als hilfreicher Geist, als Engel, der in der Lage sei, jedes auch nur erdenkliche Problem für mich zu lösen … Er bringt mir einen relativ schweren Satz bei: Pozovite k telefonu Dmitrija! Holen Sie Dmitrij ans Telefon! Und dann fährt er klingelnd mit seinem Fahrrad davon.

Und so wurde ein hektischer Tag mit viel Hin-und-Her-Gerenne auf einmal zu einem Tag voller romantischer Erinnerungen.

Dieser junge Mann hatte – und ich übertreibe wirklich nicht – Ähnlichkeit mit Alain Delon. Und sein blaues Hemd war so was von gut gebügelt.

Den Satz habe ich immer wieder geübt (mein ewiger Wunsch nach Perfektion!), aber angerufen habe ich natürlich nicht.

Fünf lange Tage …! Jeden Tag eile ich zum Abendessen, immer denselben Weg. Jeden Tag suche ich ihn unbewusst mit den Augen. Ohne das Entscheidende zu bedenken: Unser Abendessen ist jetzt immer um 18 Uhr und nicht um 20 Uhr wie am Tag unserer Ankunft.

Was ich damals aber noch nicht wusste: Mein russischer „Alain Delon" wartete auf mich. Jeden Tag. Aber zur falschen Zeit.

Und dann sehe ich ihn endlich. Am selben Platz, mit demselben Fahrrad, mit demselben strahlenden Lächeln. Schlagartig wird mir klar, dass auch ich auf ihn gewartet habe. Jetzt aber ist die Situation denkbar ungünstig: Ich bin nicht allein, stehe mitten im fröhlichen Kreis der anderen Studenten. Und deshalb geht es nun nicht anders: Er muss uns jetzt alle zu einem Spaziergang durch Leningrad einladen, und er tut dies sehr liebenswürdig und großzügig!

Aber auch Studenten können manchmal verständnisvoll und feinfühlig sein: Niemand außer mir erscheint am vereinbarten Treffpunkt.

Diese Stadt! Mit ihren Adelspalästen, rätselhaften Toren, Einfahrten und Durchgängen, voller kulturgeschichtlicher Geheimnisse. Diese Stadt mit dem Namen des Revolutionsführers. Die Schönheit der

Kirchen in erzwungener Koexistenz mit den streng gehaltenen Losungen der Partei.

Dann die Dämmerung. Die üblichen Schilder nun in leuchtendem Neon. Ganz einfache Wörter: Brot, Milch, Fisch. Wörter, bislang trockene Buchstaben in meinem Lehrbuch, auf einmal zum Leben erwacht. Leicht zu lesen, gut zu verstehen. Das gelbe Licht der Straßenlaternen strahlt Heimeligkeit und Ruhe aus. Eine Ruhe aber, die zugleich irgendwie seltsam ist, nicht still, eher schweigsam wie ein alter Mann. Im Eisnebel eines langen Winters dämmert diese Stadt vor sich hin, unterbrochen nur von der abendlichen Lebendigkeit der Konzertsäle und Theater, aufgeschreckt von begeistertem, stürmischem Applaus, um dann endlich zum Frühjahr hin aufzuwachen und im Sommer die Augen überhaupt nicht mehr schließen zu wollen ...

Und zu guter Letzt: Mitja. Er scheint einfach alles zu verkörpern, was mir an den russischen Liedern, Gedichten, Bildern gefällt ... Natürlich ist er kein russischer Recke mit schöner Rüstung, er ist Alain Delon – mit der Figur eines Leistungssportlers, mit den breiten Schultern eines Schwimmers.

Leningrad ist zärtlich zu uns: Wie wunderbar, durch die Stadt zu flanieren! Kellerrestaurants, nur über viele Stufen zu erreichen, heiße Küsse auf Parkbänken, eine Romantik, die fast banal klingen könnte – wenn über ihr nicht das Flair des Verbotenen schwebte. Denn es waren strenge Verhaltensregeln, die Mitja als Erbauer des Kommunismus und mir als Bürgerin eines imperialistischen Landes zugedacht waren. Geradezu trunken vor Glück, besinnungslos hingegeben – zum Teufel mit den Vorschriften!

Das gibt es nur in der Jugend.

Wenn die Russen kommen (1991)

Seit meiner Kindheit hörte ich immer wieder diesen einen Satz. Später, als ich in der Lage war, den Sinn mancher Erwachsensätze zu hinterfragen, hörte ich weiter diesen Satz, den ich nicht verstand, obwohl er eigentlich sehr einfach war: „Wenn die Russen kommen." Am Anfang habe ich einfach nicht verstanden, warum sie denn überhaupt zu uns kommen wollen. Dann aber habe ich die Drohung wahrgenommen: Sei bereit, sei Tag und Nacht bereit! Bald wurde mir bewusst, die Russen kommen wohl, um sich für irgendetwas zu rächen. Aber zu fragen, warum sie denn eigentlich kommen wollen, kam mir nicht in den Sinn. Genauso wenig fragte ich, wann genau sie denn kommen würden.

Jahre vergingen. Von Russen nach wie vor nichts zu sehen. Der Satz aber blieb. Das Gefühl von Gefahr verwässerte sich. Der Satz „Wenn die Russen kommen" fand sich nun in allen möglichen Variationen. So ähnlich wie bei den Russen Puschkin immer wieder in irgendwelchen Alltagssituationen auftaucht, die mit Poesie rein gar nichts zu tun haben: Wer wird denn hier eigentlich das Geschirr waschen? Puschkin vielleicht?

Wann wirst du das denn endlich erledigen? Wenn die Russen kommen? Es war wie eine Warnung: Mach endlich, es könnte sonst zu spät sein!

Diesen Satz kennen alle Deutschen meiner Generation. Wir sind mit ihm aufgewachsen: Wenn die Russen kommen!

1989 arbeitete ich als Dolmetscherin für die Firma Philips in Hamburg, dort hatte ich eine Delegation von russischen Herzchirurgen zu betreuen. Ich musste übersetzen, übersetzen, übersetzen. Von morgens bis abends und noch dazu diese ganz spezielle Thematik. Abends ging es dann zum geselligen Teil über, und ich begleitete die Chirurgen auch zum Abendessen und bis tief in die Nacht in die Bars.

Morgens befassten sich meine Schutzbefohlenen wieder mit ihrer Sache, und meine Gehirnwindungen konzentrierten sich ausschließlich auf neue Methoden in der Herzchirurgie.

Dabei fühlte ich mich richtig gut. Ich genoss die männliche Aufmerksamkeit, denn die russischen Männer sind großzügig mit Komplimenten, und die Delegation bestand ausschließlich aus Männern. Aber ich war schrecklich müde und erschöpft.

Der letzte Abend mit den Chirurgen ging wie immer zu Ende, also in einer Bar. Alle waren gut aufgelegt und geradezu ausgelassen. Es wurde getrunken, ich habe auch getrunken, es wurden Anekdoten erzählt, die ich übersetzte, es wurde gelacht, ich lachte mit. Man wollte sich nicht trennen, ich musste mich gegen vier Uhr morgens geradezu losreißen …

Als ich aufwachte, der Schock: Der Wecker hatte offenbar geläutet, ich aber hatte ihn nicht gehört. In 15 Minuten war Abfahrt meiner Chirurgen zum Flughafen.

Ich schmiss alles zur Seite, was mir auf dem Nachttisch in die Hände kam, nahm den Telefonhörer, wählte hastig die Nummer des Portiers. Er nahm nicht sofort ab, deshalb war ich bemüht, meine Stimme besonders streng und bestimmt wirken zu lassen:

„Hören Sie, hören Sie genau zu. Jetzt gleich, in wenigen Minuten, kommt eine Gruppe von Russen zu Ihnen. Sie verstehen kein Deutsch. Sie verstehen auch kein Englisch. Bitte machen Sie nur, was ich Ihnen jetzt sage, das ist wirklich extrem wichtig! Nehmen Sie ein Blatt Papier, und schreiben Sie mit großen Buchstaben eine Zeit auf: sieben Uhr fünfzig. Sieben Uhr fünfzig! Und wenn dann die Russen kommen, dann zeigen Sie ihnen dieses Blatt. Haben Sie mich verstanden?"

„Ja", antwortete er irgendwie seltsam, als ob er überhaupt nichts verstanden hätte. Ich musste also noch deutlicher werden:

„Bitte verstehen Sie, das ist wirklich wichtig! Zeigen Sie den Russen dieses Papier, einfach nur zeigen! Ich flehe Sie an!"

Mehr konnte ich nicht sagen, ich hatte wirklich keine Zeit, innerhalb weniger Sekunden musste ich mich anziehen – und ich brauchte wenigstens noch eine Minute, um meine Wimpern zu tuschen!

Der Portier verstand nun endlich meine zunehmende Aufregung, reagierte aber sehr seltsam:

„Bitte beruhigen Sie sich, bitte beruhigen Sie sich doch." Er senkte sogar seine Stimme. „Ich mache doch alles, was Sie sagen … Aber glauben Sie denn wirklich, dass die Russen ausgerechnet zu mir kommen? Ich bin doch nur Gast. Zimmer 121 …"

Witebsker Bahnhof (1977)

Das Russische sollte nicht weiter in Form grammatischer Regeln in meinen Kopf dringen. Das Russische sollte frei sein wie ich selbst. Jeden Tag sehnte ich das Ende der Unterrichtsstunden herbei, wollte mich von der Gruppe loseisen und die Stadt genießen. Im Studentenheim hielt ich mich nur für wenige Stunden auf, eigentlich nur, um zu schlafen. Dazu wickelte ich mich immer wie eine Mumie ein. Sonst wären die Wanzen direkt auf meinen Kopf gefallen. Und wenn der Mensch nicht etwas essen müsste, wäre ich auch nie in diese Mensa gegangen mit dem seltsam schmeckenden Öl, das man über jedes Essen kippte, mit Ausnahme von Milchreis.

Hat man jemals eine Stadt von solcher Schönheit gesehen? Mein gemütliches Freiburg war fast vollständig vom Krieg zerstört, und das, was von der Vergangenheit übrig geblieben war, war etwas völlig anderes als hier!

Mitja war ein wunderbarer Fremdenführer, kannte seine Stadt bestens, vor allem aber: Er liebte sie. Wir spazierten viel durch die Stadt, und wir waren immer hungrig. Und natürlich konnten wir uns nicht nur von Sahneeis ernähren (obwohl ich dieses „Plombir", diese vorgefertigten kleinen Eisbecher, leidenschaftlich gerne aß, dieses Eis war so ganz anders als in Deutschland, heute findet man so ein Eis auch in Russland nicht mehr!), und so entdeckten wir ein wunderbares Plätzchen, das Büfett im Witebsker Bahnhof.

Ein unglaublich schöner Jugendstilsaal mit großen Spiegeln, einer großen Uhr, Bildern und einem riesigen Büfett aus edelstem lackierten Holz. Der Saal war offenbar seit seiner Eröffnung, also seit ungefähr dem Ende des 19. Jahrhunderts, nie renoviert worden. Ich hatte den Eindruck, als bestünden nicht nur das exquisite Interieur, sondern selbst die Wände aus Verfall. Hätte man sie berührt, so wären sie wohl zu seidenem Staub zergefallen.

Das Essen war nicht besonders, aber mit Liebe gekocht, Hausmannskost, aber auch das war für mich eine besondere Form von „Art Nouveau". Hier probierte ich zum ersten Mal das „Kotelett auf Kiewer Art", verschiedene Sorten von Ausgebackenem, Vinaigrettesalat, Piroggen und Soljanka – nichts Vergleichbares hatte ich jemals zuvor gegessen. Ja, die russische Küche ist ein bescheidenes Pflänzchen. Aber alles schmeckte gut, und der Mensch muss schließlich essen.

Eines Tages, wir waren wieder bis zum Umfallen durch die Stadt gestreunt, fanden wir uns wieder in diesem geliebten Bahnhofsbüfett ein und bestellten allerlei zum Essen. Wir waren sehr erschöpft vom langen Herumlaufen und den vielen Gesprächen, wir wollten nur sitzen und schweigen. Mögen die Frikadellen langsam gebraten werden, möge die große Uhr gemütlich ticken, mögen die schweren Vorhänge jeden Laut abdämpfen und die Spiegel die weißen Hauben der Büfettdamen spiegeln ... Möge dieses Leben niemals enden!

Wir warten also auf die warmen Speisen, sind ganz entspannt in unserem Schweigen und unserer Ruhe. Unwillkürlich schauen wir auf ein Paar, das etwas entfernt in einer Nische sitzt. Es ist nicht zu übersehen: Dort spielt sich gerade ein Drama ab. Ein Mann in den besten Jahren, solider Körperbau, Uniform mit Schulterklappen. Alles spricht also für einen höheren Rang, aber dieser Mann weint, und seltsamerweise wischt er seine Tränen mit dem Tuch seiner Begleiterin ab, aber nicht etwa mit ihrem Taschentuch, sondern mit der Stola, die um ihre Schultern liegt, so eine blumenbunte mit Fransen. Alle Anzeichen sprechen dafür, dass die beiden hier schon lange sitzen, die Teller sind leer, die Gläser sind ausgetrunken, man bringt Neues, man schenkt wieder ein, man isst.

Die Begleitung dieses Militärs ist eine Frau, füllig, etwas schwammiger Körper, blass. Und es ist wirklich eigenartig, wie er seine Tränen an ihrer Stola trocknet, und dabei ist schon seltsam genug, dass seine Tränen offenbar nicht versiegen.

Die Dame reicht ihm mit offenbar großem Mitgefühl, mit Geduld und Gottergebenheit den Zipfel ihres Schultertuches, eine Geste, fast so, als würde sie diesem Unglücklichen ihre Brust reichen. Die Frau spricht so gut wie nicht, hört nur zu, trinkt aber jedes Schnapsglas aus, in schönem Einklang mit diesem Militär.

So traurig und zugleich so komisch verläuft dieser lange Abend mit endlosen Herzensergießungen des dicken Mannes. Der Held dieses Dramas war, dies muss gleich gesagt werden, irgendwie typisch. Einer jener Russen, die, äußerlich eher unansehnlich, gerne essen, viel trinken, beim Bezahlen großzügig sind und sich eine Geliebte halten.

Stille in dieser Ecke, eine ganz seltsame Stille.

Dann aber plötzlich – die schönen Jugendstiltüren erbeben geradezu – bewegt sich eine riesige Frau mit geschwellter Brust durch den prächtigen Saal. Die Augen funkeln Furcht einflößend. Und sie rauscht direkt auf die stille Ecke zu …

Das Drama kommt nun zum Höhepunkt. Alle Gäste drehen sich um, erstarren: So, welche dieser beiden fülligen und vollbusigen Damen, die sich fast wie ein Ei dem anderen gleichen, ist denn nun die Ehefrau? Welche die Geliebte?

Aha-a-a, die, die gerade hereinstürmt, die auf den Dicken zurennt und dann den Teller voll Essen in sein rotes Gesicht drückt und verreibt, das ist also die Ehefrau. Und die andere, ja, die andere getraut sich wohl nicht einmal zu mucksen, aber sie behält ihre Pose konsequent bei: ihre mitfühlende Brust für den Mann.

Das Publikum schweigt und frohlockt zugleich. So etwas erlebt man nicht jeden Tag. Die riesige Frau schreitet durch dieses Publikum hindurch, direkt auf den Ausgang zu, durchschneidet die Luft, ohne nach links und rechts zu schauen, immer stramm voran wie der Kurs der Kommunistischen Partei. Dann aber: Umdrehen auf den Absätzen, zurück zum Tisch. Alle Gläser hoch! Auf den Kopf des Ehemanns geschüttet! Die Gäste des Bahnhofsbüfetts in stummer Begeisterung!

Wäre es nicht völlig unanständig gewesen, hätten sie wohl ihre Gläser erhoben und applaudiert, aber ... irgendwie gehört sich das nicht, und irgendwie tut ihnen dieser jetzt erniedrigte Mann, der zu seiner Rechtfertigung oder Verteidigung keinen Mucks von sich gegeben hat, wohl auch leid.

Und ich? Ich bin in einem Schockzustand. Und denke: „Mein Gott, das ist also alles – echt! So ist das hier wohl üblich: hereinstürzen, in aller Öffentlichkeit den Liebhaber erschießen oder einen Packen Geld in den Kamin schmeißen ... Alles echt!"

Das Ende war unrühmlich. Der Militär wurde wegen unwürdigen Benehmens aus dem Saal komplimentiert. Eigentlich seltsam. Er hatte doch die ganze Zeit weder gelärmt noch sonst wie Radau gemacht.

Verwirrung (1977)

Freiburg nahm mich wieder heimatlich auf. Es gab allerlei zu erledigen, was liegen geblieben war. Auch Eltern, Freunde, Universität. Nimm die Brille ab, meine Liebe, die Vorstellung ist zu Ende, finita la commedia …

Und ich fügte mich. Der gesunde Menschenverstand, den ich auch damals nicht verloren hatte, flüsterte mir ein, dass dieser romantische Wirbelsturm, der mich über vier Wochen hinweggetragen hatte, kaum in der Lage sein dürfte, über den Eisernen Vorhang hinwegzuwehen. Hier hatte er auch nichts verloren. Hier war alles ruhig und gelassen. Der Schwarzwald vor meiner Haustüre, die Straßenbahn quietschte nicht wie in Leningrad, und die Kirchenglocken durften läuten, da niemand etwas dagegen hatte wie im kommunistischen Russland.

Mein normales Leben fand seine Fortsetzung. Immer seltener erinnerte ich mich an die Leningrader Reise, an die rosaroten Sonnenuntergänge und an die Spaziergänge durch enge Hinterhöfe … Und dann plötzlich das Unglaubliche: Briefe flattern herein, über den Eisernen Vorhang hinweg.

Der findige Mitja hat sie über Finnland geschickt.

In seinen Briefen breitet er einen Rosenteppich zu meinen Füßen aus, ich solle zurückkehren und ihn heiraten. Er bittet mich, er beschwört mich, fast fordert er. Erschreckend leidenschaftlich und ernst.

Ich bin zunehmend verwirrt.

So etwas hatte ich mir nicht vorgestellt. Diese Leningrader Wochen sollen auf einmal eine Wendung Richtung Heirat nehmen? Natürlich, wir kennen so etwas aus Filmen und Büchern, da reichen vier Wochen schon aus, um ein gemeinsames Leben zu beginnen und sich dann ziemlich emotionslos wieder voneinander zu trennen oder aber in einem Liebesrausch nach drei Tagen Bekanntschaft zu sterben …

Künstler lieben solche Szenen ganz besonders: Ein junges Mädchen im Nachtkleid, mit wunderbarer Spitze versehen, die Haare offen bis zu den Schultern, in den herabgesunkenen Händen – sein Brief. Verwirrter Blick in Richtung nirgendwo.

Und dann noch so eine beliebte Szene: Das Mädchen schreibt einen Brief (Kerzenlicht, Fenster in den Garten geöffnet …). Obwohl, meinen ersten Brief an Mitja schrieb ich nicht Hals über Kopf. Ich setzte darauf, dass er sich beruhigen und alles vergessen würde. Aber gerade das geschah nicht.

Mein Fenster war zu. Keine Kerze, kein Mondschein, kein Duft der Nacht. Ich schrieb, jedes Wort überdenkend. Alle Romantik erstickend. Ich antworte ihm ehrlich, will ihn nicht verletzen, keine falschen Versprechungen machen. Mir ist klar geworden, ich habe für Mitja nicht dieselben leidenschaftlichen Gefühle wie er für mich. Diesbezüglich bin ich offen und ehrlich. Ich horche in mich hinein, wälze Gedanken und mögliche Gefühle hin und her. Was sagt eigentlich mein Herz, wenn ich seinen Namen sage? Klopft es schneller? Mitja … Mitja! Nein, nichts. Kein schnellerer Pulsschlag. Natürlich ist es nicht angenehm, Gefühle nicht in gleichem Maße erwidern zu können, aber es ist allemal besser, als sich Gefühle vorzumachen.

Mein Brief ist höflich, vorsichtig, umsichtig, wahrheitsgemäß.

Aber kann man einen Orkan aufhalten? Die Korrespondenz geht weiter, zum Teufel mit allen Grenzen!

Der Stil meiner Briefe ändert sich. Jetzt schreibe ich, dass ich nicht in der UdSSR leben will. Und er, er bekommt doch sowieso keine Ausreise in die BRD. Und wenn doch, will er denn ernsthaft in einem fremden Land leben, wo ich der einzige Mensch sein würde, den er kennt? Und wenn dieses Land zur Enttäuschung für ihn wird, wenn nichts seinen Vorstellungen und Erwartungen entspricht, wenn alles anders läuft, als er sich sein ganzes Leben lang unbewusst erträumt hat?

Alle Argumente erschöpfen sich angesichts der davongaloppierenden Gefühle, meine Briefe werden warmherziger.

Mitja schreibt, dass er meine Briefe in der Kirche lese. Das macht Eindruck. Ein junger Mensch, der in den sowjetischen 1970er-Jahren in eine Kirche geht, der so etwas riskiert, riskiert auch seine berufliche Karriere. Das alles weiß ich nur zu gut. Briefe aus der BRD zu empfangen, das war allein schon gefährlich. Vielleicht ist die Kirche für ihn aber vor allem ein Schutz vor neugierigen Blicken?

Nach drei Jahren stürmisch-leidenschaftlicher Korrespondenz, in deutscher Sprache begonnen, dann ins Russische übergegangen, kehre ich in jene Stadt zurück, die mir – wie es im Russischen heißt – „bis zu den Tränen bekannt" war. Ich kann nicht mehr Nein sagen.

Und dann der Schock. Mitja führt mich zu sich nach Hause, mein Gott, in eine Kommunalka, wie die Gemeinschaftswohnungen sowjetischen Typs heißen. Das Gebäude selbst, im Stadtzentrum gelegen, ist riesig groß wie die Sowjetunion auch. Überhohe Decken, an die vier Meter, aber dafür beklemmend kleine Zimmerchen. Kleiner Schrank, Sofa – Tisch, hinter einem Vorhang ein Klappbett, hier auch das Fahrrad, geschickt aufgehängt. Eine verrostete Wanne und eine winzige Küche für sieben Familien. Und erst der Korridor. Lang, düster, mit einer einzigen Funzellampe, an einer schicksalsergebenen Schnur hängend. Nächtens konnte man in diesem Korridor Gespenstern der Petersburger Vergangenheit begegnen: Großmüttern in weißen Nachtjäckchen, Gräfinnen, die mit ihrem Nachttopf in der Hand Richtung Toilette schlurfen und dann wieder zurück.

Schluss mit den Träumen! Wach auf, Mädchen! Kaltes Wasser ins Gesicht, am besten eine kalte Dusche!

Aber dann geschieht es. Völlig unverständlich. Unumkehrbar. Ich verliebe mich in Mitja, mit allen Fasern meines Seins, mit allem Zittern meiner Knie, bis hin zum Realitätsverlust … Amen.

Elabuga (2011)

In Kazan war ich öfter. Geschäftlich.

An einem schönen Septembermorgen fahre ich auf der Straße, die von Kazan nach Naberezhnye Tschelny führt, um mit dem Direktor einer Hals-Nasen-Ohren-Klinik einiges zu besprechen. Seit vielen Jahren ist die Versorgung gehörlos geborener Kinder in Russland für mich Geschäft und Berufung zugleich. Das Ziel meiner Reise ist also, modernste Technologie vorzustellen und den Kauf von Implantaten für die kleinen Patienten anzuregen.

Das Laub an den Bäumen wird schon leicht gelblich, an einigen Stellen leuchtet es sogar rot auf, eine wunderbare Fahrt! Im Auto tausche ich meine bequemen Schuhe gegen mörderisch hohe Pumps – sie sind in Russland eine Selbstverständlichkeit, wenn man beruflich unterwegs ist, aber eine nicht lange zu ertragende Qual. Ich unterhalte mich lebhaft mit dem Fahrer und stimme mich gleichzeitig auf die bevorstehende Begegnung mit diesem Arzt ein, einem überaus liebenswürdigen Menschen übrigens.

Vielleicht sind es gerade diese Pumps, derentwegen ich mich bis heute an diesen Weg erinnere, vor allem an diesen hinter dem Fenster leuchtenden Herbsthimmel. Meine vielen Wege und Reisen sind weder zu zählen noch zu beschreiben, aber letztendlich fügen sie sich doch wie auf einer Filmrolle zusammen, manchmal schwarz-weiß, manchmal farbig. Wo war das noch? Wann?

Einen Fahrer zu haben, ist einfach herrlich. Man kann sich entspannen, man muss nicht das Armaturenbrett im Blick haben, die Zeigernadeln, die Anzeigen. Nichts ist zu beachten, man wird einfach gefahren. Wunderbar. Und dann, auf der Straße nach Naberezhnye Tschelny, plötzlich dieses Straßenschild: ELABUGA.

Ein seltsames Wort. Wofür es steht, für ein Dorf, eine Stadt, keine Ahnung, aber ich bleibe irgendwie daran hängen. Geht nicht mehr aus dem Kopf. Irgendetwas war da ... Hat hier jemand gelebt oder lebt jetzt noch hier? Ist hier irgendjemand gestorben? Geboren? Gelebt? Gestorben? Schluss damit!

Dann wieder die Normalität eines sonnigen Septembertags, Meetings, Konferenzen ... Im Kopf aber immer noch dieses rhythmische Klopfen:

ELAA-BUU-GA-A ...

Elabuga, warum klebst du eigentlich so an mir?

Im Oktober kehre ich nach Hause zurück und erfahre durch Zufall von einem Bekannten, dass hier in Freiburg, ausgerechnet in meiner Heimatstadt, das staatliche Militärarchiv angesiedelt ist. Von einem Kommilitonen aus meiner Studentenzeit, den ich zufällig auf der Straße treffe, erfahre ich, dass er auf dem Weg zum Archiv ist, um dort nach dem Schicksal seines Vaters suchen. Und ich, ohne zu überlegen: Ich gehe mit.

In meiner Kindheit wurde wenig über den Krieg gesprochen. In der Schule reichte die deutsche Geschichte nur bis 1933, alles Weitere verschwand hinter einem schweren und düsteren Vorhang des Schweigens. Wir ahnten, dass sich etwas Rätselhaftes, Schreckliches, ja Peinliches hinter diesem Vorhang verbarg.

Die ganze Zeit des Nationalsozialismus, über den sich die Alten entweder nicht zu sprechen trauten oder den sie wohl am liebsten vergessen hätten, blieb für viele meiner Generation lange ein blinder Fleck. Aber für jeden kommt irgendwann der Moment, in dem der blinde Fleck verschwindet – für jeden unter anderen Umständen und auf seine je eigene Weise. Und dieser Moment schnürt einem die Kehle zu.

Aber noch war es nicht so weit. Noch waren wir klein, noch waren wir unschuldig, noch tollten wir sonntagmorgens mit den Eltern im

Bett herum, und immer wieder mündete diese Fröhlichkeit in der Bitte: Papa, erzähl vom Krieg! Was für schöne Märchen für uns! Wie Papa mit seinen Kameraden in der Dunkelheit saß und sie sich Geschichten ausdachten, damit sie sich nicht vor der Dunkelheit fürchteten und endlich Schlaf finden konnten. Und wie Papa durch seine wunderbaren, immer warmen Hände gerettet wurde. Dort, wo sie waren, herrschte entsetzliche Kälte, aber seine Hände blieben auf wunderbare Weise immer warm. In seinen Märchenerzählungen waren auch wir Heldinnen: Wir waren die guten Feen, die alle retteten, wir konnten natürlich fliegen und trugen die wunderbarsten Namen.

An besonderen Tagen, also an jenen Tagen, an denen wir zu Mittag in ein Gasthaus gingen, wo es sogar süßen Sprudel für uns gab, bestellten wir immer wieder „Russische Eier". Das war so etwas wie der russische Salat Olivier, großzügig mit Mayonnaise übergossen und mit Röllchen aus Salami und halben gekochten Eiern verziert, auf denen wiederum Sardinen drapiert waren. Und während wir dann auf dieses köstliche Gericht warteten, lauschten wir immer wieder Papas Erzählung, wie der Koch seinen Rucksack gepackt und sich in Russland auf die Suche nach Eiern begeben hatte. Lang ist er gegangen, die Birken hat er gezählt. Schwer war der Weg. Er kam an Dörfern vorbei, wo schon längst niemand mehr lebte. Der Sommer ging zu Ende, Schneestürme setzten ein, dann die Eisstürme, er aber ging immer weiter. Nie gab er die Hoffnung auf, auch wenn von Zeit zu Zeit auf seinen Wimpern eine Träne glänzte, nach und nach zu Eis erstarrte und so auf seinen Wimpern kleben blieb. Endlich kam der Koch in ein kleines Dorf, man gewährte ihm Eintritt, um sich zu wärmen, aber Eier hatte niemand. Er ging von Hütte zu Hütte, er stapfte durch den Schnee, alles wollte er geben für diese Eier, für diesen Geschmack, diesen wunderbaren Geschmack, an den er sich freilich nur mehr dunkel erinnerte … Und dann plötzlich … kamen die bestellten Speisen – was für eine Enttäuschung, Papa hatte doch noch gar nicht erzählt, wie der Koch endlich an seine Eier gekommen war! Aber Papa brach augenblicklich ab, wandte sich uns zu: Na, ihr Räuber, zufrieden? Und jetzt los!

In diesem Herbst, nach der Reise nach Kazan und Naberezhnye Tschelny, trage ich die Mappe, die mir nach dem Tod meiner Mutter zugefallen war, ins Militärarchiv. Zusammen mit allen Papieren, die irgendwie mit dem Schicksal meines Vaters zusammenhängen. Ich stelle eine offizielle Anfrage über diesen Menschen, der fast immer gelacht und zu sagen beliebt hatte: „Genieße das Leben beständig! Denn du bist länger tot als lebendig!"

ELA-A-BUGA-A … ELA-A-BUGA-A … Irgendwoher kenne ich dieses Wort.

Zwischenstation Liebe (1980)

Auf Deutsch heißt dieses Jubiläum genauso wie im Russischen: Perlenhochzeit. Wie schön muss eine Perle sein, die dreißig lange Jahre von Perlmutt überzogen wurde.

Meine Eltern feierten dieses Jubiläum. Ihre Verbindung, in jungen Jahren begonnen, sofort getrennt durch den entsetzlichen Krieg, später aus Schutt und Asche der Ruinen wieder an die Oberfläche gekommen, dann endlich der Bund fürs Leben. Diese Verbindung war getragen von dem unstillbaren Wunsch nach glücklichem Leben trotz der schrecklichen Katastrophe, sie gründete auf den Briefen eines Soldaten an ein Mädchen, das es bis zu Kriegsbeginn nicht einmal geschafft hatte, ein Treueversprechen zu geben.

Alle versammeln sich um den Festtagstisch. Es erklingen Reden über die Liebe und die Treue, Trinksprüche, Lobreden über die Ehe im Allgemeinen und im Besonderen … Und genau an diesem Tag habe ich vor, meinen Entschluss mitzuteilen, einen Russen zu heiraten. Einen Sowjet.

Ich sitze im großen Saal des Restaurants inmitten dieser fröhlichen Familienrunde. Ich bin völlig einsam, denke nach, denke intensiv nach. Die Einsamkeit ist unerträglich.

Zwei Monate sind vergangen, seitdem ich von meiner zweiten Leningradreise nach Hause zurückgekehrt bin. Ich bin mit dem Flugzeug gereist, aber irgendwie habe ich den Eindruck, als sei ich eher auf Wolken geschwebt. Ich werde geliebt, ich liebe, ich … ja, ich habe ihm mein Wort gegeben. Ich weiß nicht, was mit mir werden wird. Ich weiß, dass mich niemand verstehen wird. Aber: Ich bin verliebt, ich liebe, ich liebe …

Aber kaum ist das Flugzeug wieder zu Hause gelandet – schweige ich. Ich schweige genauso, wie meine Eltern über den Krieg schweigen.

Mal scheint mir, die Situation sei für eine solch wichtige Mitteilung nicht geeignet, dann wieder kommen Zweifel auf, Angst sogar … Ich schweige ganze zwei Monate! Alles in Russland Geschehene nimmt immer mehr Züge einer Phantasmagorie an, zugleich wächst die Scham über meine Kleinmütigkeit und mein Schweigen, das für meinen Auserwählten natürlich auch irgendwie beleidigend ist. Aber was soll ich machen, was nur?

Ich werde also plötzlich aufstehen, alle werden sich zu mir umdrehen, gespannte Stille. Alle erheben ihre Gläser, schauen erwartungsvoll lächelnd zu mir hoch, nur meine Mama und mein Papa sehen sich an, als erwarteten sie nichts Gutes …

Das Bühnenbild für meinen Auftritt ist wunderbar: Auf der Bühne wird gerade der Kalte Krieg zwischen Amerika und der Sowjetunion gegeben. Links Reagan. Rechts Breschnew. Zwischen ihnen der Rüstungswettlauf. Im Hintergrund eine Welt in unangenehm angespanntem Zustand. Und ich selbst stehe am äußersten Bühnenrand und kann mich nicht entscheiden, ob ich die Rede beginnen oder mich kopfüber in den Orchestergraben stürzen soll.

Aber …

Nein. Nein.

Ich schweige. Ich erhebe mich nicht. Ich sage nichts.

Irgendwann einmal habe ich von Russen einen interessanten Ausdruck gehört: Statt „Guten Appetit" wünschten sie „Einen Engel an der Tafel". Ein solcher Engel, der glücklicherweise manch feierliche Tafel beschützt, saß wahrscheinlich bei diesem Jubiläum der Eltern neben mir und hinderte mich, irgendwelche Erklärungen abzugeben. Im Leben geschehen die seltsamsten Dinge …

Meine Mutter wachte gegen fünf Uhr morgens auf, aufgeschreckt von Todesstille. Er, der dreißig Jahre neben ihr geschlafen hatte, sie mit seinem Körper und seinem Atem gewärmt, mit seinem üblichen Schnarchen eingelullt hatte – gab keinen Laut von sich. Meine Mutter streckte die Hand nach ihm aus – und zog sie entsetzt zurück.

Arme Mama.

Ich erinnere mich an das schrille Läuten des Telefons im Korridor der Wohnung, die ich mit anderen Studenten teilte. Niemand hatte Lust, zu dieser verschlafenen Morgenstunde im Oktober unter der Decke hervorzukriechen. Mir aber wurde schlagartig klar, das gilt mir. Nur mir allein. Dieses wilde, harte Schlagen meines Herzens, als ich den dunklen Flur zum scheppernden Telefon entlanghetzte, werde ich nie vergessen, und bis heute wird mir übel, wenn nachts das Telefon läutet, mein Herz schlägt dann völlig verstört bis zum Hals …

Ich machte mich sofort auf und fuhr durch das nächtliche Freiburg, das noch in süßem Schlummer lag. Es war jene tote Stunde, wenn sich die Eulen schon zur Ruhe gelegt haben und die Lerchen noch nicht wach sind. Alles war dunkel und verwaist, nur mein Elternhaus leuchtete hell aus allen Fenstern und Türen.

Mein Vater sah gar nicht schrecklich aus, er schien nur zu schlafen. Sein Gesicht und seine Hände wirkten entspannt. Ich wollte zum letzten Male seine Hände fühlen, diese Hände, die immer so warm gewesen waren – und erstarrte, so wie meine Mutter erstarrt war.

Ich konnte nur Gott sei Dank sagen. Nicht ich war schuld, dass sein Herz stehen geblieben war. Wenigstens das. Aber dann … Vielleicht hätte er sich für mich gefreut, vielleicht hätte er mir sogar seinen Segen erteilt! Hätte mich zum Altar geführt, sich mit Mitja angefreundet.

Wenn, wenn, wenn … Hätte, wäre, würde …

Es lag mir natürlich völlig fern, in die Trauer meiner Mutter mit meinem „Bekenntnis" noch zusätzliche Aufregung zu tragen. Jetzt war alles noch viel unangebrachter. Der gut gemeinte Schweigeversuch dauerte nun nochmals drei Monate an, bis ich endlich alles erzählen konnte. Jetzt war es allerdings an meiner Mutter zu schweigen.

Mein Vater war sehr emotional, meine Mutter eher zurückhaltend und diszipliniert. Aber ich hatte immer das Gefühl, dass meine Mutter eigentlich ein Abenteurerherz hat, sich jedoch sträubt, Abenteuer zuzulassen. Das konnte man an ihren Augen ablesen, wenn ich irgendwelche überdrehten Freunde nach Hause brachte, die dann meistens etwas Ungehöriges machten. Mir schien, als würde sie mich insgeheim beneiden. Ja! Ich bin bereit, ihr Urteil über mein Vorhaben zu hören, ich werde nicht in Ohnmacht fallen. Sie wird mich nie verstoßen – und alles andere ist ohnehin egal.

Meine Mutter schwieg einige Zeit, aber nicht für lange. Nach einigen wenigen Tagen rief sie an. Alles kam genau so, wie ich es erwartet hatte: Sie hieß diese Ehe nicht gut, natürlich nicht. Aber sie verstieß mich auch nicht, das hatte ich aber auch schon vorher gewusst. Sie sagte: „Pass auf, meine Liebe, ich bin absolut gegen diese Ehe. Du bist gar nicht in der Lage zu erkennen, was für einen Fehler du da machst. Aber ich weiß auch, dass du deinen Entschluss nicht ändern wirst. Deshalb werde ich dich nach Kräften unterstützen."

Bis heute klingen ihre Worte nach.

Die Vorbereitungen zur Eheschließung begannen mit dem Übersetzen der Dokumente in die russische Sprache.

Im Übersetzungsbüro saßen nur alte strickende Mütterchen herum, offensichtlich Wolgadeutsche. Sie benötigten Beglaubigungen der deutschen Übersetzungen ihrer russischen Dokumente, für mich war es umgekehrt. Sie sprachen freundlich mit mir und interessierten sich auch für meine Hintergründe. Sag doch, warum, wozu. Ich erzählte ein wenig. Und dann ging es los! Da fielen alle Maschen von den Nadeln! Im Chor versuchten sie, mich davon abzubringen, einen Russen zu heiraten, der ohnehin nur saufen und mich anschließend schlagen werde. Mich, eine so schöne, junge Deutsche! Was machst du nur, meine Liebe, hör ja auf damit!

Nach langem und quälendem Herumgetue mit all den Papieren erschien ich dann endlich im sowjetischen Konsulat. Die Dokumente, mit Blut und Schweiß zusammengesammelt, übersetzt, gebunden und gesiegelt, lagen nun auf dem Schreibtisch vor dem Konsul.

Und nun blättert er … blättert … schweigt … blättert … Ich sitze immer mehr auf Nadeln. Er atmet tief ein und sagt endlich: „Alles klar." Vor meinen Augen erscheint plötzlich meine Mama mit ihrem ironischen Lächeln und hinter ihr die aufstöhnenden Mütterchen mit ihrer Strickerei und auch alle anderen. Sie lachen nicht, schauen aber voller Mitgefühl auf mich.

Der Konsul erbarmt sich endlich und erklärt: „Bei Ihnen steht da überall: Deutschland."

Mir ist das Problem sofort sonnenklar. Ich hatte ja selbst auf jedem westdeutschen Amt vergeblich darum gefleht, statt „Deutschland" „BRD" zu schreiben.

„Aber es muss heißen: BRD!"

„Aber niemand schreibt das so", piepse ich.

„Bei *Ihnen* schreibt man das nicht so. Aber Sie schreiben das jetzt so. Haben Sie eine Schreibmaschine? Also, Sie überschreiben jetzt alle Stellen mit: BRD."

Und so habe ich dann nachts bei Freunden auf einer alten Olympia mit zitternden Händen die dicken, vom Notar sorgsam gefädelten und beglaubigten Papiere vorsichtig in die Maschine eingespannt und die wertvollen Dokumente gefälscht. Jedes einzelne Bündel gefälscht.

Unsere Lokomotive, die diesen unfreiwilligen Stopp eingelegt hatte, nahm nun doch wieder Fahrt auf.

Papa, verzeih. Ich breche jetzt auf.

Hochzeit in Schwarz (1981)

Meine Hochzeit mit all ihren Begleitumständen würde bestes Material für eine Komödie bieten. Und doch hat es sich genau so zugetragen.

Der Bräutigam verkauft das Wertvollste, das er besitzt (vom dem, was man gerade kaufen oder verkaufen kann), also seine Lederjacke und den Fernseher. Für dieses Geld kann er ein kleines Boot chartern, das mit seiner Braut und den Gästen den Finnischen Meerbusen entlangschippern soll. Zudem kauft er Champagner und Kaviar (schwarzen natürlich, die russische Großzügigkeit kennt ja bekanntlich keine Grenzen).

Die Braut ihrerseits und auch die Freunde der Braut verteilen in Deutschland kostbares Gut auf mehrere Koffer, Beatles-Platten, Turnschuhe, Damenstrumpfhosen, Zigaretten. Tauschware also, für die der Bräutigam in Leningrad wiederum Kalbfleisch für Schaschlikspieße ergattert. Das Brautpaar quetscht sich in ein Linientaxi, bei sich dieses Fleisch für das Festessen. Die anderen Passagiere aber sehen oder riechen irgendwie das Fleisch, sie händeln herum, fordern das Brautpaar auf, etwas abzugeben, ihnen wenigstens ein kleines Stück davon zu verkaufen.

Mitja verspricht mir eine Schaschlikbraterei auf einem kleinen Fleckchen am Ufer einer schönen Bucht, wohin das frisch vermählte Paar und die Gäste nach der Hochzeit dann vom Boot gebracht werden sollen.

Der schöne Anzug und das Hemd mit der Fliege sind in Deutschland besorgt worden. Geeignetes Schuhwerk für die Hochzeit hat der Bräutigam allerdings auch nicht, aber glücklicherweise einen Schwager, einen Militäroffizier, der verspricht, ihm gleich seine vier Paar Schuhe zur Auswahl zu bringen – aus Armeebeständen!

Sogar die Mutter der Braut hat das Abenteuer gewagt, in die fremde Sowjetunion zu reisen. Mitja holt meine Mutter am Flughafen mit den üblichen drei roten Nelken in der Hand ab, vergisst dabei vor lauter Aufregung sein Deutsch und sagt zur Begrüßung statt „sehr angenehm" „ganz annehmbar" zu ihr.

Dann das Unglück: Irgendetwas, zunächst unbemerkt, dann aber bald unerträglich, gerät unter meine Kontaktlinse. Mein rechtes Auge schwillt an. So schlimm, dass wir sogar in die Klinik müssen. Ein mikroskopisch kleines Metallstück – völlig schleierhaft, woher.

Am nächsten Morgen machen wir uns auf, ein Restaurant zu reservieren, aber wegen der Weißen Nächte (dieser wunderbaren, warmen Zeit, zu der die Touristen besonders gerne nach Leningrad reisen) holen wir uns überall nur Absagen. Einzig das teure Metropol zeigt Mitleid mit uns, diesem sympathischen jungen Mann und seiner seltsamen ausländischen Braut mit dem verschwollenen Auge.

Am Abend vor der Hochzeit sitze ich völlig einsam in einer Wohnung von Freunden. Sie sind so nett gewesen, für uns ein paar Tage um die Hochzeit herum ihre Wohnung zu räumen. Ich lege einen kalten Umschlag nach dem anderen auf mein Auge, warte auf meinen Auserwählten, der zum Bahnhof gefahren ist, um einen Freund abzuholen. Auf dem Weg dorthin will er den besagten Schwager treffen, um das Armeeschuhzeug in Empfang zu nehmen.

Mitja zieht aber wohl mit diesem Freund durch die Stadt. Um seine Ehre zu retten: Er ruft wenigstens zwischendurch an, um in seiner üblichen Manier, das heißt in einer Mischung aus Beschwichtigung und Zärtlichkeit, mir das mitzuteilen, was ich ohnehin unschwer erraten kann: Er ist äußerst fidel, hat wohl das Wiedersehen mit seinem Freund ordentlich begossen. Wenn ich sage „anrufen", so muss man sich das natürlich ganz anders vorstellen als heute, wo man einfach ein Telefon aus der Tasche zieht. Er muss also in ein Telefonhäuschen gehen, muss die schwere Glastür hinter sich schließen, die Tasche mit dem Schuhwerk auf dem Boden abstellen, eine Münze suchen und hoffentlich auch finden, an der Wählscheibe drehen ... warten ... mit den Fingern ungeduldig auf den großen metallenen Telefonkasten klopfen, dabei dem Freund, der taktvoll draußen wartet und noch taktvoller seine Ungeduld nicht offen zeigt, stumme Zeichen geben. Und endlich: Hallo! Mit Nachdruck die Mitteilung, dass er umgehend kommen werde, er sagt Komplimente, nette Worte, mögen sie zutreffen oder auch nicht, sagt, wie sehr er mich liebe, prahlt herum, dass er jetzt vier Paar Schuhe habe, noch dazu ein Paar Stiefel, sogar aus Lack! Und kaum hat er den Hörer eingehängt, schält er sich aus der engen Telefonzelle, endlich wieder frei, aber vor allem – höchst zufrieden mit sich selbst.

Wahrscheinlich ist das so Brauch vor einer Hochzeit, denke ich und schaue mit meinem einen Auge trüb in die weiße Nacht. Strenge mich sehr an, nicht auszurasten. Versuche mit aller Kraft, ruhig zu bleiben. Mitja kommt gegen drei Uhr morgens nach Hause. Die Tasche mit den vier Uniformschuhen hat er irgendwo stehen lassen. Vielleicht im Taxi. Vielleicht auch in der Telefonzelle. Aber das ist jetzt auch schon egal.

Mitja leiht sich nun neue Schuhe, eine Nummer kleiner, ohne die Folgen seines Schuhverlusts konsequent zu durchdenken: Was soll's, denkt er, muss ich halt für meine Dummheit ein bisschen büßen. Ein paar Stunden die Zehen einziehen, was soll's.

Leider ist das aber nur der Anfang einer ganz anderen, noch weit weniger lustigen Geschichte: Wegen „Schwarzhandels mit Staatseigentum in Verbindung mit einer geheimen Beziehung zu Bürgern der BRD" wird der Schwager degradiert und bestraft. Was aus diesem Schuhzeug geworden ist, wer wo damit herumgelaufen ist und wie diese Schuhe letztlich geendet haben, darüber kann man nur spekulieren …

Unser Lebenszug nimmt also volle Fahrt auf, und eines wird mir schnell klar: Nicht ich bin hier der Lokführer.

Dann der Tag der Hochzeit. Mein Auge lässt sich so gut wie nicht öffnen. Ich kann natürlich meine Kontaktlinsen nicht tragen, und eine Brille geht gar nicht. Zu scheußlich, außerdem trage ich nie Brille, immer nur Linsen. Für den Notfall verstecke ich meine Brille in der Tasche meines schwarzen Kleides (nur für den Fall, dass doch unbedingt etwas gesehen werden muss!). Warum das Kleid ausgerechnet schwarz war, frage ich mich bis heute. Wenn mich andere fragten, und es fragten mich viele, wollte ich wenigstens eine einzige, vernünftig klingende Erklärung dafür finden. Aber mir fiel nichts ein, es war einfach so.

Das SAGS, das Standesamt, sah aus wie ein Gerichtspalast. Selbst meine Mutter hatte irgendwie Respekt davor, jedenfalls wirkte sie ehrfürchtig. Außer uns warteten fröhliche russische Mädchen auf ihre Trauung mit afrikanischen Studenten. Unter der Büste von Lenin eine stattliche Frau mit einer blutroten Schärpe über der Brust. Aber es ist irgendwie eigenartig: Sie scheint auf etwas zu warten, jedenfalls macht sie keine Anstalten, mit der Trauung zu beginnen. Sie versteht offenbar die Situation nicht: Wo ist denn die Braut? Nun ist sie erzürnt, fragt, warum ich Schwarz trage. Ein Witz sei das! Ein „schwarzer Bräutigam", das ist offenbar in Ordnung. Ein schwarzes Brautkleid aber – geht gar nicht. „So erscheint man bei uns nur zu Beerdigungen!" Jetzt droht sie sogar, uns nicht zu trauen, sie kommt näher, und ich erkenne, dass sie eigentlich ziemlich eindrucksvoll ist in ihrem Zorn, fast schön. Ihr Gesicht allerdings hat die Farbe der Schärpe angenommen.

Die Gäste warten geduldig, bis sich diese missverständliche Situation geklärt hat.

Es ertönt Mendelssohn. Ich befinde mich im Ausnahmezustand, verstehe nicht, was vor sich geht, und sehe alles nur unscharf.

Alle umarmen sich und weinen, warum, ist mir nicht klar.

Meine liebe Freundin Greta, die, alle Vorurteile überwindend, mit meiner Mutter nach Leningrad gekommen ist, ohne einen blassen Schimmer, wohin sie eigentlich reist und was sie dort antreffen wird, die aber auch nie auf die Idee gekommen wäre, mich an einem solch interessanten Tag ohne ihren Beistand zu lassen, diese Greta also ist ebenfalls sehr aufgeregt (obwohl sie Tränen aus sentimentalen Gründen strikt ablehnt und aus Prinzip nicht vergießt), umarmt mich und flüstert mir ins Ohr: „Na, Olle, fürs erste Mal hätten wir's!" Und ich verstehe augenblicklich, was mit dem „ersten Mal" gemeint ist. Sie denkt nämlich nicht an ihre eigene Hochzeit, wo ich dann Trauzeugin sein werde (so hatten wir uns das ja als junge Mädchen versprochen), sondern sie ist schlichtweg überzeugt davon, dass es für mich auch ein „nächstes Mal" geben wird.

Dann fahren wir nach Zelenogorsk. Am Tag zuvor haben wir schnell statt des angeblich defekten Boots einen Bus gemietet und aus irgendeinem Grund im Voraus bezahlt, der Bus kommt natürlich nicht. Wir müssen uns also auf die wenigen Autos aufteilen, die vorhanden sind. Der Chauffeur des Bräutigams (W-W-Wowa!), ein enger Freund Mitjas, ist erst seit wenigen Tagen Autofahrer. Um die langwierigen Prüfungen zu umgehen, hat er kurz zuvor den Führerschein – gekauft. Hinten sitzen wir zu viert, inklusive meiner Frau Mama.

Hier muss angemerkt werden, dass meine Mutter eine hervorragende Autofahrerin war. Das Wort „hervorragend" ist eigentlich viel zu wenig, denn sie liebte ihr Auto leidenschaftlich, geradezu fanatisch. Ich erinnere mich, sie war damals schon in sehr vorgerücktem Alter, als wir Geschwister sie davon abbringen wollten, sich weiterhin hinters Steuer zu setzen, zumal sie auf dem rechten Auge fast nichts mehr sah ... Sie parierte dieses Ansinnen mit dem Satz: „Zum Überholen brauche ich ja ohnehin nur das linke!" (Und als wir unsere Mutter beerdigten, überlegten wir, was wir ihr am ehesten für die Reise in die Ewigkeit hätten mitgeben können: Das wären die Autoschlüssel gewesen.)

Dies alles zusammen war der Grund, warum sie sehr unruhig wurde, als Wowa stotternd Gas gab. Aber unsere Mutter neigte nie zu überflüssigen Emotionen, geschweige denn zu entsprechenden Äußerungen.

In dieser Situation beginnt sie jetzt also, in ihrer Tasche zu kramen, findet eine Tafel Schokolade, will die Schokolade in Stücke brechen, um bei den Insassen, deren unausweichliches Schicksal es offenbar ist, mit diesem Wowa zu fahren, die Stimmung zu heben. Mit zitternden Händen und bemüht, einen gelassenen, disziplinierten Gesichtsausdruck zu wahren, bricht sie die einzelnen Rippen ab. Wowa reagiert sofort auf das Knistern der Silberfolie und das Knacken der Schokolade (diese sensiblen Männer!), dreht sich als Erster zu meiner Mutter um, lässt dabei das Steuer los und streckt die Hand nach der Schokolade aus ...

Schweißgebadet kommen wir endlich am Ufer der Bucht an und steigen gerade aus den Autos aus, als der Wirt der Schaschlikbraterei panisch auf uns zuläuft, mit den Händen fuchtelt und irgendetwas Ungutes schreit, irgendetwas in der Art „Hilfe, Rettung" oder „Gefahr, nicht näher kommen!", ich verstand nicht sofort. Aber dann brüllt er in voller Lautstärke: „Das Fleisch ist weg, jemand hat das Fleisch geklaut!"

Zu diesem Zeitpunkt zieht sich meine Mutter schon hinter Büschen um. Sie ist nach der Fahrt mit Wowa völlig durchgeschwitzt, hat aber zum Glück schon das Kleid für das festliche Abendessen dabei ...

In der Schaschlikbraterei gibt man uns Löffel, wir sind völlig ausgehungert und fallen über die Dosen mit dem schwarzen Kaviar her, spülen ihn mit warmem Champagner hinunter, der eigentlich nur mehr aus Schaum besteht, so sehr ist er im Auto durchgerüttelt worden. Es fällt ihm schwer, sich wieder in ein Getränk zurückzuverwandeln.

Der Tag ist ruhig, friedlich-trüb. Der Sand und die Steine sind warm. Alle ziehen die Schuhe aus, prüfen mit nackten Füßen die Wassertemperatur, sehr fein! Mitja geht natürlich noch weiter, er krempelt die Hose hoch, macht Shorts aus ihnen, er zieht das Hemd aus, demonstriert seinen schönen Körper – und es gibt durchaus etwas herzuzeigen, und er zeigt es mit größtem Vergnügen.

Wowa krempelt nur die Ärmel auf, zeigt seine spitzen Ellenbogen, mehr getraut er sich nicht. Von Zeit zu Zeit ruft er, wohl um wieder die ganze Aufmerksamkeit auf sich zu ziehen, lautstark „G-G-G-Gorko!" und schaut interessiert zu, wie Mitja und ich uns küssen, so als ob er überprüfen müsse, dass alles in Ordnung ist. Und dann lächelt er zufrieden.

Ich schaue auf die verhangene Bucht. Dort, übers Meer, liegt Finnland und noch etwas weiter dieser See mit dem seltsamen Namen

Pjuchjaselka. Das klingt auch auf Deutsch sehr witzig. Am Ufer dieses Sees hat man seinerzeit einige Szenen für den Film *Doktor Schiwago* gedreht. Es war der Ort, der Russland am nächsten lag, bis dahin konnte die Filmtruppe vordringen, weiter nicht. Eine von Gefühl gesättigte Natur, sich im Wind wiegende Birken, ringsherum Steppe … Aber: All das war nicht Russland.

Das Metropol hat uns erst am Abend mit offenen Armen aufgenommen. Dort war dann alles so wie bei einer richtigen Hochzeit – „ganz annehmbar".

Milch, Honig und erste Abgründe (1981)

Nach der Hochzeit lebte ich einen ganzen Monat in Leningrad. Auch als Ehepaar hatten wir nach wie vor nicht das Recht, ein gemeinsames Hotelzimmer zu mieten. So zogen wir von einer Klappcouch bei Freunden zur nächsten, geplagt von Hitze und Mückenstichen.

Um nicht sofort nach der Hochzeit aus der Sowjetunion ausreisen zu müssen, musste ich mein Visum verlängern. Das war nur in Leningrad möglich. Über uns schwebten Spott und Hohn. Aber das bemerkten wir bis zum letzten Moment nicht. Genauer gesagt, ich nahm das gar nicht wahr, und Mitja wollte mich offensichtlich nicht beunruhigen. Es war klar, man würde Geld bezahlen müssen, aber mir war damals noch völlig schleierhaft, in welcher Form. Mitja hatte mich noch nicht in das russische Bestechungssystem eingeweiht, mit dessen Hilfe man einfach Probleme jeder Art lösen konnte.

„Erholen Sie sich doch ein wenig nach der Hochzeit, kommen Sie am Freitagmorgen wieder, heute ist der Schalter, der für Sie zuständig ist, geschlossen", so sagt man uns im Amt am Tag vor der Hochzeit.

Wir gehen also los, um uns ein wenig zu „erholen", besuchen Theater und Konzerte, wir sind dabei ein wenig unruhig, denn wenn ich keine Verlängerung meines Visums bekomme, muss ich das Land schon zu Beginn unserer Flitterwochen verlassen.

Am Freitag, unmittelbar nach Öffnung des Amtes, sind wir an Ort und Stelle. Da stehen wir und lächeln, wir Idioten.

„Hm … freitags empfangen wir Ausländer nicht (vielsagender Blick). Aber gut, sei's drum. Kommen Sie nach dem Mittagessen wieder (vielsagender Blick)."

Nach dem Mittagessen:

„Mmm … alles ist fertig, alles bereit. Aber für das Visum brauchen wir noch eine Fotografie."

Wie bitte? Woher jetzt bitte eine Fotografie nehmen? In den 1980er-Jahren in Leningrad, zwei Stunden vor Schließung dieses Amtes für Passangelegenheiten? Aber jugendlicher Mut und eine Portion Dreistigkeit sind in der Lage, auch solch absurde Hindernisse zu überwinden, und so rennen wir mit rot glänzenden Gesichtern zehn Minuten vor Ende der Bürozeit durch die Tür und wedeln freudig mit den Fotos.

Die Dokumente lümmeln auf dem Tisch herum, als seien sie irgendwie beleidigt, und der trockene Satz des Beamten, dessen Arbeitstag sich endlich dem Ende zuneigt und der offensichtlich überhaupt keine Lust mehr hat, irgendetwas zu erklären, setzt den Schlusspunkt unter diese Geschichte:

„Ein Foto ist nicht erforderlich."

Und als dann das schwere Tor hinter uns ins Schloss fällt, fassen wir uns an der Hand, wir lachen und wir küssen uns, wir umarmen uns, und wir denken nicht mehr über diese Erniedrigung nach, die wir eben erfahren haben, auch nicht über das System, wir sind einfach glücklich, wir fahren aufs Land …

Am Freitagabend fahren alle zur Datscha oder aufs Land. Allgemeiner Aufbruch und in diesem allgemeinen Aufbruch ein Zusammengehörigkeitsgefühl, denn „Datscha" bedeutet für alle dasselbe, und alle wollen dorthin. Und dann, Kilometer für Kilometer, weiter und weiter von der Stadt, wird die Elektritschka, der Vorortzug, immer leerer. Durch die großen Fenster zeigt sich immer mehr Grün, die Passagiere haben mehr Raum, um sich endlich auf den hölzernen Bänken niederzulassen, und jeder ist glücklich, egal, ob er früh aussteigt oder weit fahren muss, glücklich, dass er eine eigene Datscha besitzt, eine eigene! Der eine freut sich, dass seine Datscha so nah bei der Stadt liegt, der andere, dass seine Datscha weit entfernt liegt. Und so, wie sich der gemeinsame Schritt auf einer Parade letztendlich doch im persönlichen Leben jedes Einzelnen auflöst, so verstreut sich schließlich auch die Menschenmenge, die sich am Leningrader Bahnhof gebildet hat. Es ist nun keine Masse mehr. Jeder geht in seinen Winkel, setzt sich unter seinen Lampenschirm, ob mit oder ohne Troddeln, zu seiner allumfassenden Melancholie oder zu seiner stillen Freude.

Mein Visum galt für einen bestimmten Radius von 30 Kilometern, der meine Bewegungsfreiheit einschränken sollte. Dies bedeutete konkret, dass ich das Dorf Koschki durchaus aufsuchen konnte, um mich zu erholen, nicht aber das Dorf Schapki, entschuldigen Sie bitte, das verstößt gegen die Gesetze, das ist verboten. Aber was soll man machen, wenn die Datscha von Mitjas Eltern ausgerechnet außerhalb der gesetzmäßigen Grenzen liegt. Um keine Aufmerksamkeit zu erregen und damit eine Überprüfung meiner Dokumente zu provozieren, hatte ich meine Haare zu einem Zopf geflochten, meine Füße unter eine Tasche geschoben, um mein ausländisches Schuhwerk zu verstecken, und mich schlafend gestellt, damit niemand auf die Idee kommen konnte, mich anzusprechen.

Zu meiner Hochzeit waren Mitjas Eltern nicht gekommen. Sie hatten sich wohl gefürchtet. Und so sah ich sie zum ersten Mal in diesem kleinen Datschahäuschen.

Sie saß am Tisch. Ein Tuch um den Kopf geschlungen. Es war nicht ersichtlich, wie alt sie eigentlich war. Entweder noch jung, schaute aber aus wie eine alte Frau. Oder alt und sah dafür noch relativ gut aus. Vermutlich hat sie sich selbst nie im Spiegel betrachtet.

Sie stand zur Begrüßung nicht auf. Auch in ihrem Gesicht regte sich nichts. Als ob meine Ankunft einfach keine Bedeutung hätte. Wenn eine grüne Fliege angeflogen gekommen wäre, so hätte dies vermutlich mehr Emotionen hervorgerufen oder zumindest aber ein gewisses Jagdfieber.

Mitja hatte mir erzählt, dass Larissa Fjodorowna mit zwei kleinen Mädchen die Blockade überlebt hatte und dass ihr Mann glücklicherweise unbeschadet aus dem Krieg zurückgekommen war, weshalb dann nach dem Krieg auch noch der kleine Mitja geboren wurde. Mitja sagte ehrlich, dass seine Mama gegen die Heirat mit einer Deutschen war. Klare Sache. Ich bemühte mich gar nicht, ihr zu gefallen oder die Vorstellungen meiner Schwiegermutter über mein Land zu verändern. Das wäre aussichtslos gewesen. Erstaunlich aber war, dass ich mit ihr den ersten Menschen traf, für den der Ausdruck „verfaulender Kapitalismus" keine übliche Zeitungsphrase war, sondern absolute Realität. Und an diese Realität glaubte Larissa Fjodorowna in so extremer Weise, dass sie, wenn die Rede von dieser ihr fremden Welt war, wo Menschen auf den Straßen sterben, ihr Gesicht verzog, als ob sie die Fäulnis geradezu riechen könne. Und jetzt auf einmal stehe ich, eine Vertreterin dieser schrecklichen Welt, eine Ausgeburt der Hölle im rosa Kleid, in der Küche. Direkt vor ihren Augen, in ihrem Haus. Mitjas Papa ist eine blasse Figur vor dem Hintergrund seiner Frau. Still und gutmütig, ein sehr sympathisches Gesicht. Er beschäftigt sich im Garten mit seinen Bienen, seinen Sträuchern, seinen Beeten und widerspricht seiner Frau nie, genauer gesagt, er wagt es nicht zu widersprechen, genauso wie im Märchen.

Warum aufgedunsene, ältere, kahle Männer häufig schöne junge Frauen an ihrer Seite haben, ist eigentlich ziemlich klar. Aber womit kann man die spiegelbildlichen Mesalliancen erklären, die durchaus auch verbreitet sind? Eine machtbesessene, hässliche Frau mit ihrem außerordentlich liebenswerten Mann? Liegt es am schwachen Charakter des Mannes?

Das Haus ist ganz aus Holz mit schönen Holzschnitzereien. Es knarrt und knirscht und riecht anheimelnd. Eine urige, ächzende Treppe führt nach oben, wo wir schlafen. Die Toilette versteckt sich in der Tiefe des Gartens und wäre außergewöhnlich romantisch, gäbe es in Schapki nicht diese fetten Fliegen und fiesen Stechmücken. Ich bin bereits völlig zerstochen, bevor ich verstehe, dass man auf dem Weg zur Toilette die Kleidung bis über die Ohren ziehen muss.

Am Morgen wachen wir von einem gewaltigen Gepolter auf. Es ist Larissa Fjodorowna, die mit dem Besenstiel an die Decke klopft. Wir trauen unseren Ohren nicht. Aber das Gepolter wiederholt sich und wird nun von einem ziemlich groben Kommandosatz begleitet: „Karja, steh auf, mach Frühstück!"

Auf diese Weise kam ich zu einem neuen Namen, dessen Klang mich bis heute beeindruckt. Wenn ich mich daran erinnere, zucke ich immer noch zusammen.

Übrigens war es ausgerechnet die Küche, wo dann doch eine Unterhaltung mit der Schwiegermutter möglich wurde, trotz der ausgesprochenen Grobheit, die sie mir gegenüber zeigte. Sie lehrte mich, Blinis zu backen. Ich probierte in dieser Küche bisher nicht gekannte Delikatessen: selbst gemachten Quark, gebratene Kartoffeln mit Pilzen, Dill, grünen Knoblauch direkt aus dem Garten und wunderbaren Honig, in dem noch Bienenwachs schwamm. In dem kleinen Dorfladen mit seinem Duftgemisch aus faulem Gemüse, Haushaltsseife und warmem Brot konnte man göttliche Smetana, Sauerrahm, kaufen, natürlich nur dann, wenn sie angeliefert worden war. Man wusste nur leider nicht, wann das der Fall war und wann nicht. Einmal kam sie, dann wieder nicht.

Im Wald gab es einen kleinen See, umgeben von Bäumen und herrlicher Stille. Es war allerdings unmöglich, sich am Ufer daran zu erfreuen. Das Handtuch diente als Ventilator, um die Blutsauger zu vertreiben, und dann ab ins eiskalte Wasser. Man schwamm mit Wimmern und Stöhnen, die sich spiegelnden Wolken gerieten in Bewegung, ein Meer von Seerosen wiegte sich. Einfach göttlich.

Smetana-Wolken (1988)

Am Anfang flog ich mit Lufthansa und wurde angesprochen wie alle anderen auch: als Passagier. Aber sobald ich im sowjetischen Inland flog und dafür natürlich die Fluglinie Aeroflot benutzte, wurde ich zum „Intourist".

Ich weiß gar nicht, ob heute in Russland eine solche Bezeichnung für Passagiere noch existiert. Man muss sich bewusst machen, dass dem Wort „inostrannyj" (also Ausländer) der Ausdruck „inaja strana", also „anderes Land", zugrunde liegt. Das bedeutet demnach, dass „dort" alles anders ist. Und auch ein Tourist, der von dort kommt, ist ein anderer. Er hat zwar Hände, Füße und einen Kopf, aber alles andere (vor allem das, was bei ihm im Kopf ist) kann man sich nur als drohendes Problem vorstellen, also Augen auf und Vorsicht.

Die Intouristen wurden getrennt gehalten. Ins Flugzeug mussten sie als Erste einsteigen. Wir steigen also ein, setzen uns und warten, bis man die normalen Passagiere zum Einstieg auffordert. Die Stewardessen haben seinerzeit wohl einen Vertrag unterschrieben, dass sie niemals lächeln dürfen, und ich finde das ziemlich lustig. Normalerweise werden wir ja in solchen Situationen immer von einem professionellen, eingeübten, aufgesetzten Lächeln empfangen, hier aber erwartet dich genau das Gegenteil, ein vollkommen ehrliches Nichtlächeln, zum Schreien komisch! Es war ganz offensichtlich: Den sowjetischen Stewardessen hatte man kein Lächeln beigebracht. Sie lächelten nur, wenn sie wollten. Aber meistens wollten sie eben nicht.

Den Intouristen bot man auch nicht an, die üblichen Informationen über die Sicherheitsmaßnahmen in irgendeiner anderen Sprache als der russischen zu hören. Und ich amüsierte mich köstlich, wenn ich sah, wie die strenge Stewardess mit ausholenden Gesten einen Text über irgendein Lämpchen erklärte.

Seltsam war auch, dass der Pilot immer als Letzter kam. Bei uns ist es doch so, dass er schon seinen Pilotensitz eingenommen hat, so, als ob er immer schon da gewesen sei und auch immer da sein werde. Egal, mit welchem Flugzeug, mit welcher Fluggesellschaft, in welche Richtung du fliegst: Der Pilot in seinem weißen Hemd und den Schulterklappen sitzt bereits. Er richtet sich seine Kopfhörer, er berührt die wichtigsten Knöpfe und Schalthebel. Der russische Pilot aber rennt als Letzter zum Flugzeug, den Mantel übergeschmissen und die Thermoskanne unter die Achsel geklemmt.

Juhuu ... und sofort losgeflogen. Mein Gott, und wie sie starten! Das sind die besten Piloten auf der ganzen Welt!

Die Stewardess geht mit undurchdringlichem Gesicht und wie ein unaufhaltsamer Panzer den Gang entlang. Auf dem Tablett sechs Plastikbecher mit widerlich süßer Limonade. Kaum haben sechs Passagiere die Limonade ausgetrunken, zeigt die Stewardess ihr Zauberkunststück: Sie verschwindet für wenige Sekunden hinter dem Vorhang und erscheint wieder mit sechs vollen Bechern.

Nach der wunderbaren Landung (ach, wie gut sie immer landen!) befiehlt man uns, auf unseren Plätzen sitzen zu bleiben. Alle Passagiere, mit Ausnahme der Intouristen, verlassen das Flugzeug, der Pilot eilt als Erster davon, seine Aktentasche an sich gedrückt, die Stewardessen lösen sich in Luft auf. Und so steht das Flugzeug auf dem leeren Flugfeld, im Flugzeug sitzen nur mehr die „anderen", die fremden Menschen und fühlen sich irgendwie seltsam. Aber zum Glück nicht lange, denn schon bald läuft eine Frau im Stakkatotakt auf hohen Stöckelschuhen über das Rollfeld, in den Händen eine Stange, darauf eine Tafel. Die staksende Frau kommt näher, jetzt ist die Aufschrift zu lesen: Intourist. Gerettet.

Einmal, 1988 war es wohl, flog ich mit meiner Mutter von Moskau aus nach Jurmala in ein sowjetisches Sanatorium. Damals gab es in den

Regalen der Lebensmittelläden außer Pyramiden von Konservendosen mit Meerkraut absolut nichts. In Moskau hatten wir zwei Wochen verbracht, und alle meine Lieblingsspeisen, mit denen ich meine Mutter hätte verwöhnen wollen, waren unmöglich zu bekommen. Vergeblich hatte ich vor allem nach meiner geliebten Smetana gesucht. Nachdem ich in Deutschland verschiedene Sorten von Sauerrahm probiert hatte, war mir längst klar geworden, dass man bei uns einfach nichts Vergleichbares findet, dass es auch sinnlos ist, Crème fraîche und Sauerrahm zu mischen, und dass es echte Smetana nur in Russland gibt. Aber jedes Moskauer Geschäft wurde allein von Meerkraut beherrscht, lange Schlangen gab es nur in jenen Lebensmittelabteilungen, in denen wenigstens ein einziges Produkt von Wert angeboten wurde, alles andere musste man zwangsweise dazukaufen. Ein Beispiel: Da gab es eine Dose Kaffee, zusammen mit ihr musste man aber irgendeine schlechte Margarine oder eine langweilige Apfelmarmelade erwerben, die man selbst in den schwersten Zeiten der Mangelwirtschaft nicht einmal geschenkt bekommen wollte.

Dieser Flug blieb unvergesslich. Vor allem deshalb, weil nun aus unerklärlichen Gründen alles anders war: Das Prinzip der „normalen" und „anderen" Passagiere wurde auf einmal um 180 Grad gedreht. Die sowjetischen Passagiere nahmen als Erste Platz, die Intouristen dagegen hielt man zurück, offensichtlich weil sie nur zu zweit waren: meine Mutter und ich. Das Flugzeug war ziemlich klein, zwei Plätze auf jeder Seite und der Durchgang. Aber vorne, wo üblicherweise der Vorhang hängt, befanden sich zwei Sitze, die frontal zu den anderen Passagieren hin ausgerichtet waren.

Im kleinen Salon, in dem die heiße Luft immer stickiger wurde, steigerte sich die Ungeduld. Aber jetzt, jetzt endlich führen sie die Außerirdischen herein. Oh, oh, oh …

Alle recken die Köpfe, strecken die Hälse hoch, und viele glotzen ganz ungeniert.

So saß ich also zusammen mit meiner Mutter vor 70 Passagieren, die uns mit neugierigen Blicken anstarrten. Das Gefühl war genauso wie in einem Albtraum, in dem man sich plötzlich nackt in einer Menge sieht, nicht weglaufen und sich nirgends verstecken kann. Langsam, etwas verwirrt, beginnt man dann zu verstehen, dass man sich gar nicht schämen muss, denn alles, was da vor sich geht, ist ohnehin irreal, und deshalb hält man sich mit Würde aufrecht, ignoriert die Blicke und sagt vor sich hin: Ruhe, Ruhe, das ist nur ein Traum ...

Wie ein Kind, das ein geschenktes Bonbon sofort isst, ja gierig hinunterschlingt – genauso genoss auch ich später das Geschenk des Meers und der Sonne. Dabei bekam ich einen gewaltigen Sonnenbrand, denn eine solche Intensität des Sonnenscheins im Norden hatte ich nicht erwartet. Am nächsten Morgen stand mir der Sinn weder nach Strand noch nach Anwendungen. Den heilenden Wasserstrahl hätte ich nicht ertragen können. Nicht einmal zum Frühstück ging ich. Ich lag unter einem kühlen Laken, leidend. Plötzlich betrat die diensthabende Krankenschwester mein Zimmer, ohne anzuklopfen, so zielstrebig, als ob sie ihre persönliche Wohnung betreten würde, und hob an, mich ordentlich abzukanzeln: Ich möge mich, wenn möglich, doch bitte aus dem Bett bewegen, zu den Behandlungen antreten und zur heilenden Luft am Meer gehen. Das ist diese in Russland weitverbreitete Art des Rügens, wenn ein Mensch für dich eigentlich nur das Allerbeste im Sinn hat.

Ich griff nach dem Laken, zog es mir bis über die Nase und bemühte mich, der Schwester klarzumachen, dass sie mich nicht berühren solle. Aber sie trat näher und schimpfte weiter (nur russische Frauen können auf diese Weise fremde Menschen beschimpfen), riss das Laken weg und erblickte meinen roten Körper. Nun stöhnte sie auf, fuchtelte mit den Händen herum, stürzte sofort aus dem Zimmer. Ich dachte, sie würde mit mehreren Ärzten in weißen Kitteln zurückkehren. Aber sie kam allein, mit einem Glas voll Smetana, einem riesigen, bis oben vollen Glas! Die Krankenschwester behandelte mich, indem sie die Verbrennungen vorsichtig mit der Smetana bestrich. Dabei schimpfte sie jetzt nicht mehr, sondern murmelte irgendetwas vor sich hin und nannte mich dabei zärtlich „Golubuschka", Täubchen. Ich aber wurde dennoch unruhig, obwohl ich wirklich zutiefst dankbar war: Sie wird doch wohl nicht die ganze Smetana aufbrauchen?

Von der Smetana ging eine kühle Ruhe auf meinen Körper über. Die Krankenschwester ging weg, sie hatte wohl das Gefühl, ihre Pflicht erfüllt zu haben. Meine Mutter schlenderte derweilen irgendwo am Ufer entlang, lauschte dem ewigen Schrei der Möwen und lächelte über eine gefundene Muschel, die sie aber nicht aufheben wollte. Sobald die Krankenschwester die Tür geschlossen hatte, machte ich mich über die Smetana her. Oh, wie ich sie aß, wie ich sie verschlang, sie geradezu in mich hineinzog, diese wunderbare, wunderbare Smetana.

Als wir in das hungernde Moskau zurückkehrten, waren wir auf einmal mehr als zwei Intouristen, und die Aufmerksamkeit des Publikums fokussierte sich entsprechend nicht mehr nur auf mich und meine Mutter. Wieder kam der Pilot in Hetze angerannt, sein Gesicht wirkte so, als ob er sich von einer wichtigen Angelegenheit hätte losreißen müssen und jetzt nur schnell diese Menschen dorthin bringen wolle, wo sie eben hinmüssen ... Er stürzte herbei und startete wunderbar ... Und wieder gab es diese Panzerstewardessen, das durchgematschte Essen in einer Schachtel und die eklige Limonade.

Heute aber hat sich alles geändert. Ich kann mir nicht mehr vorstellen, dass ich mit Aeroflot nur deshalb fliege, weil es keine andere Möglichkeit innerhalb Russlands gibt, sondern ich fliege bei jeder Gelegenheit mit dieser Fluglinie und auf jeder Strecke. Sie haben neue Flugzeuge, du sitzt in einem komfortablen Sessel inmitten von ganz normalen Passagieren. Junge Schönheiten in ihren Uniformen flanieren den Gang entlang, sprechen verschiedene Sprachen, unterhalten sich höflich und lächeln liebenswürdig. Aber bis heute habe ich den Eindruck, dass die Piloten sehr schnell und sehr undeutlich Englisch sprechen, ja nuscheln: „Es spricht der Kommandeur des Flugzeugs soundso ..." Als ob ihnen die Aussprache völlig egal sei, als ob sie immer in Eile ...

Aber wie sie starten, wie sie landen …

Und dann ist es so, wie es früher war und wie es immer sein wird: unter den Flügeln die Berge der weißen Wolken. Ihr Anblick erinnert mich immer an Smetana.

Euphorie für ein Jahr ... (1982)

Seit unseren Flitterwochen war ein Jahr vergangen. Nun warteten wir auf die Genehmigung für Mitjas Ausreise nach Deutschland. Indem ich Touristen von Deutschland aus nach Leningrad begleitete, fand ich Möglichkeiten, ihn in dieser Zeit dennoch zu sehen. So konnte ich als Reiseführerin einige Male meinen „gesetzlichen" Ehemann in Leningrad besuchen.

In jeder Gruppe dieser Art finden sich ein Spaßvogel und ein Klugscheißer, ein Meckerer und schließlich ein Teilnehmer, der sich immer verspätet. Egal, wie unterschiedlich solche Gruppen und Menschen auch sind, diese Rollenverteilung findet sich jedes Mal, immer die gleichen Typen, genauso wie in der Commedia dell'Arte. Es machte mir sogar ein wenig Spaß, mich bei jeder Reise dieser inneren Gesetzlichkeit zu versichern. Der notorisch Verspätete verspätet sich nämlich schon beim allerersten Treffen, der Witzbold macht, kaum hat die Begrüßung begonnen, seine müden Scherze, der Unzufriedene ist eigentlich schon vorher unzufrieden, und der Klugscheißer gibt Kommentare von sich, die zwar oft nicht angenehm, meist aber treffend sind. Er ist übrigens immer als Letzter zu identifizieren.

Nur einmal gab es eine besondere Figur außerhalb dieser Norm. Eine Kleptomanin. Kein einziger Tag verging, ohne dass sie einen kleinen, unschuldigen Diebstahl beging. Sie verbarg diese Leidenschaft auch gar nicht, sondern erzählte der Gruppe stolz über ihre Coups und präsentierte selbstzufrieden ihre Trophäen (ich selbst erfuhr davon allerdings nur über Beschwerden, die später eingingen). Sicherlich wären meine Beobachtungen auf den Leningrader Reisen noch viel reicher an Kolorit und Detail ausgefallen, hätte ich mich nicht selbst sofort, im Übrigen völlig gewissenlos, aus dem Hotel begeben, kaum war die Gruppe im Hotel eingecheckt und dem örtlichen Reiseführer anvertraut. Ich war fortan kaum mehr anwesend und kehrte nicht einmal mehr zum Übernachten zurück. Meine Abwesenheit führte am Ende der Reisen regelmäßig zu nicht sehr freundlichen Kommentaren in den Bewertungsbögen.

Ich war zwar dadurch sehr beschämt, konnte mich aber dennoch nicht anders verhalten. Ich war bereit, jeden Scherz des Witzbolds ebenso stoisch zu ertragen wie die ironischen Kommentare des Besserwissers und die wiederkehrenden Drohgebärden des permanent Unzufriedenen. Ich nahm sogar jede Schuld auf mich, wenn sich der notorisch Verspätete wieder einmal verspätete. Denn ich hatte Wichtigeres zu tun: Ich verbrachte die ganze Zeit mit meinem Mann und meinen neuen Freunden.

Es war eine wunderbare Zeit. Ich lernte immer mehr Freunde kennen, ganz unterschiedliche, aber immer interessante Menschen, denn mein Mann verbrachte seine Zeit gerne in Gesellschaft. Die Freunde waren übrigens mutig, wenn sie ihre Zeit mit uns verbrachten, denn es war damals nicht selbstverständlich, ja vielleicht sogar gefährlich, Umgang mit einer westlichen Ausländerin zu pflegen.

Ich war begeistert, zugleich aber manchmal auch eigenartig berührt. Denn ich beobachtete, dass meine russischen Freunde, egal, wie die Umstände oder der Kontext auch sein mochten, frei heraus Goethe oder Schiller zitieren konnten, auch Remarque oder Märchen von E. T. A. Hoffmann. Sie kannten sogar russische Übersetzungen von Heine-Gedichten. Aber dann kam immer die Bitte an mich, deutsche Volkslieder zu singen! Was nun? Natürlich hatten wir manchmal auch an der Universität gesungen, aber das war doch etwas völlig anderes gewesen. Französische Chansons, englische Songs. Über einen amerikanischen Soldaten, der durch den Sumpf watet. Hava Nagila. Aber eines war unmöglich gewesen: deutsche Lieder! Ich musste tief in meinem Inneren suchen und kramte letztendlich aus den letzten

Nischen meines Gedächtnisses wunderbare Lieder hervor, die vor langer, langer Zeit, als wir klein gewesen waren, meine Mutter mit uns gesungen hatte. In solchen Momenten hatte ich das Gefühl, endlich angekommen, auf dem richtigen Platz zu sein, wo ich ganz ich selbst sein durfte.

Wenn ich dann wieder nach Deutschland aufbrechen musste, verabschiedete man mich immer auf dieselbe Weise. Langes Beisammensitzen bei W-W-Wowa in der Küche, Samogon, also selbst gebrannter Schnaps mit unfassbar hoher Prozentzahl, Lieder von Wyssotzki (seine raue, zärtliche Stimme drang direkt in die Seele, „Wir gehen auf Jagd, wir jagen die Wölfe, wir gehen zur Jagd ...“). Wenn sich dann das erste Licht der Morgendämmerung erahnen ließ, verabschiedeten wir uns, „setzten uns zur Reise“. Ach, wie liebe ich diese russische Tradition des Sich-zur-Reise-Setzens! Einpacken, blank liegende Nerven, ununterbrochene Blicke auf die Uhr, eilige Bekenntnisse und unangebrachte Versprechungen, Traurigkeit und zugleich der innere Drang, endlich von dieser Traurigkeit loszukommen ... und dann, in der letzten Minute, gleichsam in der Apotheose dieses Stresses, setzen sich alle und schweigen. Einige Sekunden vollkommener Stille, nur die Uhr an der Wand tickt vor sich hin: eins, zwei, drei ...

„Nu, s Bogom“, „Nun denn, mit Gott“, erheben sich dann alle wie auf Kommando von ihren eingenommenen Plätzen, vom Hocker, vom Koffer, von irgendwelchen Knien, alle stehen auf, völlig ruhig, geradezu wie neugeboren und in bester Stimmung. Und auf einmal ist der Abschied nicht mehr so traurig, und die Reise selbst scheint auch nicht mehr so drohend mit all ihren Unannehmlichkeiten und nervenaufreibenden Begleitumständen. Und all das nur wegen dieses „eins, zwei, drei“!

Morgens, nach dieser Verabschiedung, war ich dann meist nicht wirklich bei Sinnen. Der Samogon war noch nicht restlos verdunstet, und Nachtruhe hatte es ohnehin keine gegeben. Meine Reisegruppe rügte mich mit jeder Faser ihrer Körper und mit Worten, völlig zu Recht natürlich. Man hängte mir irgendwelche Korallenketten um den

Hals, die auszuführen verboten war – „vielleicht schafft es das verka-
terte Mädel durch den Zoll". Ich wiederum bat irgendeinen aus der
Gruppe, für mich die zwei Dosen mit schwarzem Kaviar einzupacken,
die mir geschenkt worden waren. Man antwortete mir mit offensichtlichem Vergnügen: Nein! Die Zöllner beschlagnahmten übrigens sowohl die Ketten als auch den Kaviar. Nicht einmal Danke haben sie
gesagt.

Die Restaurantgabel aus Neusilber aber, mit der die Kleptomanin
ihre seltsame Neigung befriedigt hatte, diese Gabel hatte man ausgerechnet mir in die Tasche gesteckt (das hatte ich weder für möglich
gehalten, geschweige denn bemerkt). Und so nahm diese Gabel auf
unerfindliche Weise ihren „ständigen Aufenthalt in Deutschland", wie
es in sowjetischer Zeit amtlich hieß. Die Gabel liegt auch heute noch
irgendwo auf dem Speicher, völlig nutzlos. Der einzige Sinn ihrer Exis-
tenz hatte darin gelegen, dass sie in jenem Moment, als sie geklaut
wurde, von Bedeutung gewesen war. Kaum war dieses Ziel erreicht,
war das Interesse auch schon wieder verflogen.

So ging das Jahr sehr schnell vorbei. An dem Tag, als Mitja von
Leningrad nach Frankfurt flog, erreichte das Warten auf dieses Ereig-
nis seinen Höhepunkt und ebbte zugleich irgendwie auch ab. Ich hatte
das Gefühl, dass nach all den Hindernissen und dem offensichtlichen
Wahnsinn, mit dem diese Hindernisse überwunden werden mussten,
eine reibungslose, glatte Ankunft meines Helden in diesem Melodram
auf deutschem Boden unmöglich sein würde. Zudem hatten es sich
ziemlich viele Menschen nicht nehmen lassen, das Erscheinen Mitjas
persönlich mitzuerleben. Sie waren mit mir nach Frankfurt gefahren,
zu dem von Freiburg nächstgelegenen internationalen Flughafen, um
bei Mitjas Ankunft leibhaftig dabei zu sein. Apropos: Eigentlich war
ich es wohl selbst gewesen, die alle zusammengetrommelt hatte. Alle,
die zuvor irgendwie den Wunsch geäußert hatten, mit mir zusammen
meinen Mann abzuholen. Bis zum letzten Moment konnte ich das
alles selbst kaum glauben, steigerte mich in Erwartungen hinein, mal-
te mir aus, was wohl geschehen würde: Er würde herauskommen, in

seinen Händen Rosen tragen. Sofort würde er in der riesigen Menge meine strohfarbenen Haare erkennen, meine Augen, in denen Tränen des Glücks glänzen. Rosentränen, Tränenrosen. Aber nein. Ich weiß natürlich, es wird alles ganz anders kommen. Und dann: Die Passagiere strömen heraus, alle, bis auf den Letzten. Und dann folgt niemand mehr. Meine Gruppe blickt schon etwas seltsam zu mir, und ich habe den Eindruck, als blitzten bei manchen unausgesprochene Gedanken auf. „Wer weiß, ist ja vielleicht besser so.“

Schließlich gingen noch einmal die Türen auf, Mitja wurde herausgeführt. Von zwei Grenzschutzbeamten. Sie hatten ihn untergefasst, wollten sich, bevor sie ihn einreisen ließen, offenbar selbst davon überzeugen, dass da tatsächlich eine Ehefrau wartet. Er ist doch weder Russlanddeutscher noch Jude, angeblich ist er der russische Ehemann irgendeiner durchgeknallten Deutschen. Damit kann er nicht durch den Sonderausgang für Emigranten, sondern muss durch den Ausgang für ganz normale Menschen. Nicht vorgesehen.

Also standen wir alle zusammen vor der seltsamen, sich immer wieder automatisch kurz öffnenden und schließenden Türe, die einen Passagier nach dem anderen ausspuckte. Schließlich dann die beiden Beamten mit Mitja, ein Ruf in die wartende Gruppe: „Gehört dieser Mann zu jemandem?“ Ich hob die Hand und wurde von den Grenzschutzbeamten umgehend hinter die Milchglastüre gerufen. Da saßen wir nun zu viert, und es entspann sich ein völlig absurder Dialog.

„Der Mann behauptet, er sei verheiratet mit Ihnen.“

„Ja, das stimmt, ich hole ihn ab, um ihn mit nach Freiburg zu nehmen.“

„Nein, er muss ins Übergangslager nach Friedland.“

„Auf gar keinen Fall. Er ist kein Wolgadeutscher, er ist kein Jude. Er ist mein Mann, und ich nehme ihn mit.“

„Schauen Sie“ – und einer der Beamten deutet mit seinem Finger auf einen Stempel mit russischen Worten im Pass von Mitja –, „überall da, wo ‚hö‘ steht, die müssen nach Friedland.“

Ich schaue fassungslos auf das in kyrillischen Lettern geschriebe-
ne Wort „постоянное", mit dem das Recht auf „ständige Wohnsitz-
nahme" in Deutschland erteilt wird. Die letzten drei Buchstaben, also
„ное", lassen sich tatsächlich als „hö" lesen, und dies war wohl die
Chiffre, mit welcher die unkundigen Beamten Menschen nach Friedland zu schicken hatten. Es brauchte viel Überzeugungsarbeit, die
Sachlage endlich zu klären und Mitja aus den Fängen der Bürokratie
zu befreien.

Koffer hatte er keinen, nur eine Plastiktüte. Darin befanden
sich eine Hose, ein Hemd und eine Flasche Wodka. Alle Anwesen-
den zeigten sich nun zufrieden, flüsterten miteinander, verständigten
sich mit Blicken: Einmalig, ein richtiger Russe, und – man glaubt es
kaum – sogar gut aussehend ist er, wie ein Filmschauspieler. Meiner
Mutter wurde von ihrer Freundin zugeraunt: „Oh, Margarete, glaub
mir, er ist überhaupt nicht so schrecklich, er ist einfach charmant! Man
sieht ihm gar nicht an, dass er ein Russe ist."

Im Flughafenrestaurant stellte Mitja dann den Wodka auf den
Tisch, was zur Folge hatte, dass man unsere Gruppe fast hinausge-
jagt hätte. Aber darüber hinaus verhielt er sich dann so normal, wie
man das von deutscher Seite gewohnt war. Denen, die eigentlich eher
skeptisch gewesen waren, gab er keinen Anlass zu meckern. Selbst diejenigen, die regelrechte Vorurteile gehabt hatten, zugleich aber vor
Neugierde fast gestorben waren, äußerten sich Mitja gegenüber jetzt
wohlwollend. Diejenigen aber, die schon immer an die Kraft der Liebe
geglaubt hatten, seufzten nun glücklich und zufrieden auf: Ihr Glaube
hatte endlich seine Bestätigung erfahren.

… und ihr krachender Zusammenbruch (1985)

Die Romantik steuerte zügig auf ihr Ende zu, genauer gesagt, sie riss sich vom Rand der Klippe los, taumelte über die Felsen hinunter und starb, noch ehe sie im tiefen Wasser versinken konnte. Mitja fand sich nicht zurecht, fühlte sich schuldig, vor allem wegen der zurückgelassenen Verwandten und auch wegen der Freunde. Viele von ihnen hatten wegen der gefährlichen Verbindungen ihres Freundes und wegen seiner Ausreise in ein kapitalistisches Land ihre Arbeit und ihren Status verloren. Und auch ich kam nicht zurecht … neben ihm. Denn diese Schuld wurde immer mehr zu meiner eigenen. Es ist doch manchmal so, dass man etwas fühlt, was man gar nicht fühlen möchte und was auch dem gesunden Menschenverstand widerspricht, aber dennoch: Diese Gefühle sind da.

In der Zeit des Wartens auf Mitja hatte ich zwei Zimmer in einer Vierzimmerwohnung gemietet (Kommunalka!). Aber in die beiden anderen Zimmern zogen, als ob wir bestraft werden sollten, Anhänger einer Sekte ein. Sie hängten die Wände im ganzen Korridor und in der Küche mit Bildern ihres Sektenführer voll, dem sie sklavisch anhingen. Sogar auf der Toilette starrte uns sein durchdringender Blick an. Diese Sektenanhänger kleideten sich immer ganz in Rot, und all ihre Kleidung, die noch von ihrem früheren, gänzlich sinnlosen Leben übrig geblieben war, wurde rot eingefärbt. Überall hing dieses rote Zeug zum Trocknen, die ganze Wäsche. Und weil wir nur eine Waschmaschine hatten, so wurde auch unsere Wäsche langsam rosarot … „Vor den Roten bin ich geflohen, bei den Roten bin ich gelandet."

Später mieteten wir dann eine wunderbare Zweizimmerwohnung: Im Erdgeschoss gab es eine Bäckerei, und der Duft von frisch Gebackenem drang nachts zu uns, frühmorgens vermischte sich dann der Duft der warmen Brötchen mit dem Geruch von frisch gemahlenem Kaffee. Das hätte wohl ausgereicht, um Glücksgefühle für ein ganzes Leben wachzurufen, aber leider war dies bereits die Zeit, als Freude nur mehr selten unsere kleine Familie besuchte.

Das Unverständnis zwischen uns wuchs langsam, aber stetig, vor allem durch den Alltag. Meine im Grunde einfachen Lebensregeln, die ich nicht einmal im Kopf, sondern eher im Blut hatte, riefen bei Mitja regelrechten Widerwillen hervor. Mich ärgerten andere Dinge. Etwa das Waschen des Geschirrs unter laufendem Wasser oder die Heizkörper, die in der leeren Wohnung (den ganzen Tag war ja niemand da!) auf Hochtouren liefen. Er dagegen war fassungslos, dass ich mir, wenn Besuch erwartet wurde, ein Menü ausdachte und nicht zusätzlich noch alles, was sich im Kühlschrank befand, auf dem Tisch aufbaute. Dass ich jedes kleine Zettelchen im entsprechenden Papiermüll entsorgte und nicht im Restmüll. Dass ich ein Fläschchen Schnaps im Schrank hortete und nicht zum Austrinken freigab. Weil sich nämlich solche Fläschchen in unserem Haus immer nur eines äußerst kurzen Lebens erfreuten. Es ging schließlich so weit, dass ich ihn dringlich bat, mir wenigstens eine Flasche Sliwowitz ausschließlich zu meiner Verfügung zu belassen.

„Moment mal", sagte dann Mitja, der meinen offenbar unglaublichen Geiz nicht fassen konnte und daher hoffte, mich umstimmen zu können, „wann möchtest du denn diesen Schnaps trinken? Du weißt das nicht? Und mit wem? Das weißt du auch nicht? Du weißt nicht, wann, du weißt nicht, mit wem, du weißt nicht, unter welchen Umständen – und so lange steht diese Flasche im Schrank?"

Und er fuchtelte mit seinen Händen so vielsagend herum, dass ich innerlich ganz kalt wurde.

Zu meiner Knausrigkeit kam dann noch anderes: Er kritisierte meine Ausgaben für angeblich dummes Zeug. Während seine Verwandtschaft dort, in Russland, arm dahinvegetiere, lebe ich hier im Überfluss, bringe Sachen ins Haus, die kein Mensch brauche, zum Beispiel ein „schönes Tischtuch". Auf die Vielfalt in den Theken der Fleisch- und Gemüseläden schaute er nicht mit Erstaunen und schon gar nicht mit Begeisterung, sondern – wie ich mit Befremden bemerkte – eher gekränkt. Finanzielle Dinge interessierten ihn ebenso wenig wie die Hauswirtschaft, Letztere sogar noch weniger. Meine Plastikkarten von der Bank (so etwas war natürlich völlig neu für ihn) würdigte er keines Blickes, und wenn doch, dann eines verachtungsvollen, so ungefähr wie seine Mama auf den Kapitalismus schaute. Er interessierte sich auch nicht dafür, wie viel etwas kostete, so lange jedenfalls, bis er eine solche Karte zu gebrauchen lernte und dann das Konto komplett leer räumte.

Ich arbeitete ständig und überall dort, wo ich Arbeit fand: Ich unterrichtete Russisch an der Volkshochschule, Deutsch an einer Privatschule, Französisch für Geschäftsleute … Nahm entsetzliche Übersetzungsarbeiten mit nach Hause, Broschüren und Prospekte, die ins Russische zu übersetzen waren, gab Privatunterricht … Mitja suchte Gelegenheitsarbeiten. Wichtig war ihm dabei, sich nicht täglich zu verpflichten: Er reparierte hier und da, erarbeitete sich etwas mit seinen eigenen Händen (wo und wie viel, das gab er allerdings nicht preis), machte Ausflüge zum Skifahren in den ganzen Schwarzwald (ohne mich, ich konnte nicht Skifahren und mochte das auch nicht). Gesellschaft um sich zu haben, war ihm wie früher auch unabdingbar, und so waren wir ununterbrochen irgendwo zu Gast oder hatten selbst Gäste. Und wenn wir dann einmal allein waren, dann sprach er so gut wie nicht. Mein Gott, wie war das alles schwer.

Dabei – und das war nicht weiter verwunderlich – gefiel er allen anderen ausgesprochen gut, mein russischer Mann. Es tauchten nun Freunde auf, die in gar keiner direkten Beziehung mehr zu meinen eigenen Freunden standen. Irgendwo außerhalb des Kreises von Verwandten und Freunden fanden sich so etwas wie Seelengemeinschaften zusammen, zu denen ich aber auf einmal nicht mehr gehörte. Eine dieser Gruppen bestand aus Lehrern der Waldorfschule, Anthroposophen, die eine leidenschaftliche Zuneigung zur russischen Sprache und zur russischen Kultur zeigten. Für diese Lehrer war Mitja eine seltene Erscheinung im damaligen Westdeutschland, mehr noch, er war in jeder Beziehung interessant, und damit meine ich wirklich in jeder. Mitja zeigte seinerseits ein außerordentlich tiefes Interesse an diesen Leuten: Er wurde Vater eines Kindes, eines Mädchens, aber das erfuhr ich erst neun Jahre später. Warum erfahre ich so etwas eigentlich immer als Letzte? Ein schönes Mädchen, brünett, mit blauen Augen, eine ausgesprochene Ähnlichkeit mit Alain Delon. Und ihre Mutter war natürlich das genaue Gegenteil von mir: eine kleine, zierliche Französin mit schwarzen, widerspenstigen Locken und einem künstlich unfrisierten Kopf ...

Ich dachte damals irgendwie, dass ich Mitja die Gelegenheit bieten müsse, sich an Deutschland zu gewöhnen, sich in diesem neuen Leben einzufinden, Freiheit zu fühlen, auch Freude, und deshalb fragte ich nie nach, auch dann nicht, wenn er erst spätnachts nach Hause zurückkehrte. Er aber zeigte keinerlei Dankbarkeit, nahm das einfach wortlos hin, als ihm zustehend sozusagen. Dass andere Frauen dahinterstecken könnten, kam mir nicht in den Sinn, dumm, wie ich war.

Seltsam war allerdings, dass sich unser eheliches Leben doch noch einige Zeit hinzog. Als wir einmal noch in Mitjas Heimat fuhren, mit vollbepackten Koffern, Gastgeschenken für Verwandte und Freunde, stand Mitja selbstredend im Zentrum der Aufmerksamkeit. Er gab Geschichten zum Besten, schilderte seine Eindrücke ... Und ich hörte mit Vergnügen zu. Der fremde Blick auf sich selbst aus einem anderen Blickwinkel, das war ungemein interessant, wenn auch nicht immer angenehm.

Stellt euch vor, ein Deutscher fragt, ob ich etwas trinken möchte ... (Gelächter der Zuhörer) nein, nein, wartet, er öffnet also den Schrank, und dort ... eine ganze Batterie halb leerer Flaschen! Er gießt mir also ein Gläschen ein, und den Rest stellt er wieder in den Schrank! (Alle wiehern auf.) Einfach so auf Besuch kommen, das geht gar nicht.

Man muss den Tag und die Zeit angeben. Und dann? Du kommst also, stellst der Gastgeberin eine Flasche Wein aufs Tischtuch, die Gastgeberin kriegt sich fast nicht ein, holt sofort einen Untersetzer. Besser wär's, wenn das Tischtuch weniger weiß wäre, dann müsste man nicht diesen schrecklichen Untersetzer ertragen!

„Aber sonst, sonst sind die Leute ganz nett", fügte er dann noch gnädig hinzu.

Und lobte die Autos und die Straßen – das war doch wenigstens was.

Auf dieser letzten Reise nach Leningrad, wir fuhren über Finnland mit einer Fähre, wurde Mitja mit irgendwelchen Russen bekannt. Daraufhin verschwand er für die ganze restliche Zeit der Überfahrt. Nicht einmal zum Frühstück tauchte er auf. Irgendjemand erzählte mir, dass er ihn gesehen habe, aber die vielen Kabinen zu kontrollieren, dazu hatte ich keine Lust. Wozu auch.

Ein Rettungswagen holte ihn dann direkt vom Schiff ab. Und die neuen „Freunde", die den Krankenwagen gerufen hatten, nickten mir zu wie einer guten Bekannten. Wahrscheinlich hatte er ihnen mein Foto gezeigt …

Ich spürte, dass es kein Glück für uns geben würde. Und so fiel es mir unendlich schwer, dieses Wort „Glück" auch nur zu denken. Ich wünschte mir ein Kind, obwohl ich genau wusste, dass kein Kind die Beziehung würde retten können. Aber dennoch ließ ich eines Tages meine Arbeit stehen und ließ mich gründlich untersuchen. Dort erwartete mich eine ziemliche Überraschung: eine bösartige Geschwulst.

Knock-out.

Wenn eine Krankheit kommt, so fällt man in einen grässlichen Zustand, der viel schlimmer ist als die Furcht vor dem Tod oder die Angst vor einer Operation. Dieser Zustand heißt Einsamkeit. Denn es ist egal, ob sich Verwandte und Freunde um einen kümmern, es ist egal, ob die Ärzte alles ihnen Mögliche tun. In dieser Grenzsituation versteht man nur eines: Man ist allein. Und man muss allein damit zurechtkommen.

In dieser Zeit wuchs auch die Entfremdung zu meinem Mann. Manchmal versuchte ich, irgendetwas über meine Krankheit daherzustottern, aber es wurde ihm gleich zu viel, und dann sagte er: „Es reicht. Genug. Sie haben dir das herausoperiert, und damit ist das herausoperiert. Das ist alles." Alles klar, Mitja mochte eben keine kranke Frau. Als er begriff, dass ich mich nicht anschickte zu sterben, setzte er sich von mir ab und begann zu trinken. Er hatte auch schon zuvor viel getrunken, aber jetzt fing er regelrecht zu saufen an.

Auch der letzte Mythos vom Glück, der Traum Kind, riss sich also vom Rand der Schlucht los, stürzte in die Tiefe, hinter der Romantik her, die diesen Weg schon längst genommen hatte.

Ich aber fühlte mich wie diese Gabel aus dem Leningrader Restaurant, die unnütz auf meinem Speicher lag.

Ich musste gehen.

Luoravetlan (1993)

Was bei uns in Witzen ein „Ostfriese" ist, ist im Russischen ein „Tschuktsche". In seiner eigenen Sprache heißt er „Luoravetlan". Das klingt hinreißend schön, irgendwie nach einer Halbinsel oder nach einem Medikament, das man gegen Stress einnimmt.

Wahrscheinlich war der Kunde, mit dem ich einige Tage verbrachte, ein Tschuktsche. Er hatte jedenfalls ein rundes, flaches Gesicht und kam aus Sibirien. Für mich war jedenfalls alles an ihm ungewöhnlich: sein Äußeres, seine Manieren, seine Gedanken und nicht zuletzt seine Herkunft. Er war Gesundheitsminister in der russischen Republik Jakutien, also sehr einflussreich. Er hegte hochtrabende Pläne für die Ausrüstung von Krankenhäusern, insbesondere kardiologischen Kliniken, in seinem Land. Die eventuell zu kaufenden Apparaturen wollte er unbedingt mit eigenen Augen sehen und nicht nur als Abbildungen in Hochglanzbroschüren. Und die Kaufverträge sollten zudem in Paris unterschrieben werden, denn in diesen Hochglanzbroschüren hatte er gelesen, dass sich dort das europäische Hauptquartier der Hersteller-firma befand.

Mit einem Wort: Er wollte zur juristischen Adresse dieser Firma.

Es gibt nun sozusagen eine Sache, die absolut heilig ist – und das ist der Wunsch des Kunden. Wir organisierten also eine solche Reise und empfingen den hochrangigen Jakuten in Paris, wo er niemals zuvor gewesen war.

Vom Äußeren her war er ein ausgesprochen gutmütig wirkender Mensch von kleinem Wuchs, er reichte mir gerade bis zu den Schultern. Irgendwie wie ein Playmobilmännchen. Begleitet wurde er von seinem Stellvertreter, einem russischen Sibirier, schwerfällig in seinen Bewegungen, ausladende Schultern, Riesenpranken, breite Wangenknochen, ein ehrlich wirkendes Gesicht und ein Name, der dazu angetan war, alle Zweifel zu zerstreuen: Prochor.

Der Direktor der europäischen Firmenzentrale hatte bisher weder einen Jakuten noch einen russischen Sibirier gesehen, denn wir befanden uns im Jahr 1993, und es sollte ja noch zwei, drei Jahre dauern, bis die massenhafte Pilgerfahrt der Händler und Touristen aus Russland einsetzen sollte …

Er versorgte seine Kunden mit echtem französischen Chic, bestellte Gourmetessen, wartete aber vergeblich auf ein genussvolles Aufstöhnen der Gäste und Lobeshymnen auf den Meisterkoch. Der Sibirier aß lautlos, hob allerdings manchmal etwas die Brauen, wenn seine Geschmacksnerven auf etwas Unerwartetes trafen. Der arme Jakute aber konnte offenbar nichts hinunterwürgen. Die Saucen, derer sich die französische Küche rühmt, fand er erklärtermaßen zum Erbrechen. In seinem Verständnis mussten Speisen in ihrem ursprünglichen Zustand sein, also möglichst roh oder zumindest eindeutig zu identifizieren. Und so flüsterte er mir entsetzt zu: „Ich kann nicht, ich kann das einfach nicht essen. Bitte bestellen Sie mir Eiswürfel. Eine Schüssel mit Eiswürfeln." Ich versuchte diskret, ohne Aufmerksamkeit zu erregen, dem Kellner den Wunsch meines Kunden zu vermitteln, und der jakutische Minister versuchte dann, jedes Löffelchen, jedes Stückchen dieser europäischen Gerichte hinunterzuwürgen, indem er gleichzeitig und mit unglaublichem Tempo einen Eiswürfel nach dem anderen laut knirschend zerbiss. Damit zog er natürlich nicht nur die Aufmerksamkeit unseres Tisches auf sich, sondern weit darüber hinaus, zumal er in jedem neuen Lokal oder Café diese Prozedur wiederholte. Er getraute sich nicht, seine Eiswürfel offen und laut zu bestellen, sondern ich musste das heimlich tun, diesen Wunsch also dem Kellner sozusagen konspirativ flüsternd übermitteln. Als Folge davon konnte sich dann immer mindestens das halbe Restaurant an diesem herrlichen Schauspiel ergötzen.

Unser Kunde kleidete sich immer sehr elegant, statt einer Krawatte trug er ein seidenes Halstuch. Seine Schuhe glänzten in gutem Leder, seine Hemden wirkten immer wie frisch gebügelt. Aber er interessierte sich für kein einziges Geschäft, weder für eine Boutique noch für einen Kiosk, nicht einmal den üblichen Magnetsticker mit dem Bild des Eiffelturms wollte er erwerben. Natürlich waren wir auf diesem Eiffelturm, geht ja nicht anders, und nicht einmal das stundenlange Anstehen hinderte uns daran.

Wir kommen also auf die erste Plattform, auch sie ist schon ziemlich hoch oben, es ist schön, es ist windig. Der Wind zerzaust die Haare, erfüllt die Brust mit Freude und Frühlingsgefühl, der Turm scheint sich zu wiegen. Und unterhalb die schönste aller Städte …

Aber was macht unser jakutischer Gast? Prochor schaut streng in die Richtung von Napoleons Grab. Und sein Chef? Ich suche ihn mit den Augen, finde ihn nicht gleich. Ah, da steht er, mit dem Rücken zum Ausblick, klammert sich mit beiden Händen am Geländer fest, das den Liftschacht im Inneren des Turms umrundet. Er steht bewegungslos, schaut starr auf den Boden und zittert – ohne Spaß! Sein Gesicht ist vollkommen bleich, seine Augen wirken gläsern. Und flüsternd, im selben Ton, wie er im Restaurant nach dem Eis gefragt hat, fleht er mich an, Erbarmen zu zeigen und ihn nach unten zu bringen. Ich aber scherze: „Unterschreiben Sie den Vertrag, dann helfe ich Ihnen nach unten."

Obwohl er ganz offensichtlich in Panik ist, lächelt er nun und entspannt sich auch etwas, löst seine Hände vom Geländer, und wir können uns ganz vorsichtig in Richtung des Aufzugs bewegen, der die Menschen vom Himmel wieder auf die Erde befördert. Als wir endlich unten sind, mache ich mich auf die Suche nach Eis. Und obwohl es so durchsichtig aussieht wie Eiswürfel, hat es leider einen süßlichen Geschmack, was für unseren feinsinnigen Gast absolut unannehmbar ist.

Er hatte einen feinen Sinn für Humor und lachte gern, genierte sich aber deswegen und bedeckte daher sein Gesicht dabei mit den Händen. Ich hatte es leicht mit ihm, trotz seiner Capricen. Sogar dann, als ich ihn bat, ein Lied aus seiner Heimat am Ende der Welt zu singen, fing er nicht an, irgendwie herumzureden und zu sagen, er sei heute nicht bei Stimme, sondern er fing einfach an zu singen, sodass ich vor Erstaunen richtiggehend erstarrte. Aber natürlich nur innerlich, denn ich saß gerade am Steuer, und der Gesang drang direkt in meinen Nacken. Es war ein völlig ungewohnter doppelter Ton, eine Gleichzeitigkeit von Falsett mit einem dunklen Unterton. Selten ist es einem vergönnt, eine solche Lautkombination zu hören. Das Fehlen der gewohnten mittleren Töne beunruhigte mich innerlich in höchstem Maße: Das scharf durchdringende Falsett ließ mir die Haare zu Berge stehen, die Vibrationen der niedrigen Töne aber lullten mich ein.

Natürlich haben wir auch Notre-Dame besucht. Dort entdeckte der Herr aus Jakutien eine Schüssel mit Wasser, fragte, ob dies Weihwasser, also „heiliges" Wasser, sei, was ich bestätigen konnte, und begann daraufhin sofort, sein Gesicht damit zu waschen, dann den Hals und die Ohren. Er rieb sich mit dem Wasser sanft ein, woraufhin alle anderen Besucher ihn völlig fassungslos anstarrten. Ich wandte mich ab, studierte scheinbar konzentriert die Glasfenster, als sähe ich sie zum ersten Mal.

Als wir uns dann am Flughafen verabschiedeten, küsste ich ihn zum Abschied auf europäische Weise: ein Küsschen auf die linke Wange, eines auf die rechte. Und er reagierte darauf mit der Frage: „Darf ich mich von Ihnen auf unsere Weise verabschieden?"

Ich zuckte etwas zurück, wer weiß denn schon, was bei ihnen so üblich ist, er hatte ganz offensichtlich nicht die russische Art im Sinne, also das dreifache Küssen auf die Wange. Auf der einen Seite war ich natürlich neugierig, auf der anderen aber war es mir irgendwie unheimlich. Trotzdem sagte ich: „Nun denn, tun Sie's."

Er näherte sich mir, ohne die ansonsten übliche Körperdistanz zu beachten, stellte sich auf die Zehenspitzen, packte mich am Kinn (ich musste unwillkürlich den Kopf etwas senken, damit er dieses erreichte), schmiegte sein bleiches Gesicht an meine Wange, was unerwartet geschickt vor sich ging, weil er, wie mir schien, gar keine Nase hatte, und daraufhin zog er laut und vernehmlich stoßartig Luft durch seine Nüstern (das heißt also, er hatte doch eine Nase), sodass meine Wange in Schwingungen kam wie die Aussichtsplattform des Eiffelturms ... Das Ganze war keineswegs erotisch, aber irgendwie doch aufregend, ja sogar erregend, einfach weil es so völlig neu und ungewohnt war. Der Sinn dieser ganzen Prozedur lag – so erklärte er mir anschließend – darin, dass er damit meinen Geruch mit nach Jakutien nehmen könne.

Aber den Vertrag hat er trotzdem nicht unterschrieben.

Das Horrorzimmer (1992)

Anfang der 1990er-Jahre. Leningrad wurde wieder zu Sankt Petersburg. Ich aber wollte nach der Trennung von Dmitrij nicht mehr zurück zu meinem alten Familiennamen, zu meinem Mädchennamen. Ich wurde also nicht wieder zu Frau Müller. Wenn ich ehrlich bin: Ich hatte mich seit meiner Kindheit immer dieses Namens etwas geschämt. Dieser Name ist einfach zu banal. Er ist so verbreitet, dass manche Menschen sich nicht einmal mehr die Mühe machen, diesen Namen auszuschreiben. Sie schreiben einfach nur ein M und einen Punkt. M-Punkt. Auch so klar!

Die russischen Familiennamen dagegen gefielen mir sehr gut, ganz besonders die einfachen Namen, gerade diejenigen also, deren Träger vermutlich ebenso wenig zufrieden waren wie ich mit meinem simplen deutschen Namen.

Mein Mädchenname, Müller, hatte bei all meinen russischen Bekannten höchst unerwartete Reaktionen hervorgerufen. Anfangs hatte ich nicht verstanden, wie ein so bescheidener Familienname solchen Eindruck machen konnte. Aber alle waren restlos begeistert. Manche lächelten geheimnisvoll, manche stießen ein vieldeutiges „A-a-ah" aus und drohten mir dabei scherzhaft mit dem ausgestreckten Zeigefinger. Langsam wurde mir klar: Müller hieß einer der Haupthelden einer Fernsehserie, die im ganzen Land höchst beliebt war, einer Serie um den sowjetischen Kundschafter und Geheimdienstler Stierlitz. Eigentlich war damals schon gar nicht mehr die Fernsehserie selbst populär, sondern vielmehr die Anekdoten und Witze um Stierlitz und seinen Counterpart Müller. In diesen Geschichten war einmal Müller clever und schlau, und Stierlitz geriet in idiotische Situationen. Dann war es wieder umgekehrt. Man konnte also kaum Klarheit darüber gewinnen, wer von den beiden der Schlaue war und wer der Blöde. So oder so – eines war aber allen Bekannten völlig unverständlich: Wie konnte man sich nur von einem so schönen Familiennamen trennen: Müller!

Ich aber hatte eine klare Entscheidung getroffen und lebte lange mit dem seltsamen russischen Familiennamen Iwanow. Iwanow nämlich, nicht Iwanowa, wie es im Russischen üblich ist. Männliche Form also. In deutschen Ohren klang der Name seltsam, allein weil es ein ausländischer Name war. Aber für Russland klang das noch viel seltsamer. Bei uns war das nämlich früher eindeutig geregelt: Nimmt man den Familiennamen des Mannes an, so spricht und schreibt man diesen Namen so wie auch der Mann selbst. Er ist ein Müller, also bist du auch eine Müller. Er heißt Fischer, du heißt Fischer. Er heißt Iwanow – du heißt auch Iwanow. Wenn du dich aber Iwanowa nennst, dann trägst du einen anderen Familiennamen als dein Mann. Eiserne deutsche Regel. So nahm ich selbstverständlich im sowjetischen Standesamt die weibliche Form des Namens an, hieß also Iwanowa, bei den deutschen Behörden aber wurde mir mit großer Selbstverständlichkeit der Familienname meines Mannes verpasst, also ohne den Buchstaben „a“.

Für die Russen war ich demzufolge auf dem Papier ein Mann, vom Äußeren her aber natürlich gar nicht. Die jungen Zöllner und Grenzbeamten, damals noch mit Kurzhaarfrisuren, die dem wichtigen Amt angemessen waren, erröteten regelmäßig bis hinter die Ohren, wenn sie meine Dokumente überprüften. Heute wundert man sich natürlich auch dort über gar nichts mehr.

Und so kam es, dass zu jener Zeit, als Sankt Petersburg wieder seinen alten Namen annahm, „Iwanow“ bereits Geschäftsführerin des ersten medizinischen Joint Ventures war, aus diesem Grund zu einer Fachmesse nach Sankt Petersburg reiste und dann weiter nach Petrozawodsk, und zwar auf Einladung eines gewissen Professor Goldberg.

Es war ein scheußlicher Februar. Die teuren medizinischen Geräte wurden in einen Schiguli geladen, viel zu klein, auch egal. Alles reingestopft. Wenn man versuchte zu sprechen, kamen weiße Atemschwaden aus den Mündern. Diese Schwaden gerannen schnell zu Eis, und die Funktion der Handschuhe beschränkte sich darauf, jeden Finger einzeln erfrieren zu lassen.

Alles also ins Auto gestopft, auf geht's, und nur ein einziger Gedanke gibt warme Hoffnung: In Petrozawodsk ist ein Zimmer vorbestellt.

Das Hotel ist auf russische Dienstreisende eingestellt. Zimmer jeweils für zwei, es gibt keine Alternative für unglückliche Dienstreisende, keine Diskussion. Aber gut, gut, ich zahle für zwei und bekomme dann sogar zwei Decken!

Aber kaum habe ich das Zimmer betreten, packt mich dieser Februar bis ins Tiefste meiner Seele.

Das schlimmste Hotelzimmer in meinem ganzen Leben. Unheilschwangere grüne Wände, mit Ölfarbe bemalt, eine dünne Lampe an der Decke … Natürlich die einzige Lichtquelle in diesem Raum. Nicht einmal ein kleiner Lampenschirm, den man mit einem seidenen Tüchlein hätte bedecken können. Aus der Tiefe des Schranks glotzen mir drei verschiedene Kleiderbügel entgegen. Ein riesiger Kühlschrank der Marke Sibir brummt unerträglich laut und krampfhaft vor sich hin, aber ich habe weder Wodka, der zu kühlen gewesen wäre, noch irgendetwas zu essen. Die sibirischen Weiten sind somit völlig nutzlos. Alles in diesem Zimmer scheint mir nur entsetzlich und grauenhaft, sogar das unschuldige, klapprige Stühlchen in der Ecke. Ich komme auf den verwegenen Gedanken, dass wenigstens der Fernseher eine menschliche Stimme in diese Einöde bringen könnte … Funktioniert natürlich nicht, immerhin leuchtet der Bildschirm rot. Ein kleiner Lichtblick also, ich lasse ihn leuchten, und alles wirkt dadurch nun ein klein wenig freundlicher.

Als ich die Tür ins Badezimmer öffne, kommen mir große Kakerlaken entgegen. Richtig so, Menschen haben da auch wirklich nichts verloren.

Mein Zustand kraftloser Verzweiflung wird durch ein Klopfen an der Tür unterbrochen.

„Äh, Tach …" (Ich erkenne den Menschen von unten, von dieser sogenannten Rezeption, wo er die Anmeldungen der Gäste vorgenommen hat.)

„Es hat sich also herausgestellt, dass Sie Ausländerin sind" (und außerdem auch eine Frau, sagen seine Augen). „Sie müssen also aufzahlen."

„Wie viel denn?"

„Für Ausländer gilt der doppelte Preis. Aber dafür habe ich für Sie (feierliche Pause) ein ‚Assortiment' für Intouristen!", schloss er und überreichte mir dieses „Assortiment": Seife und Toilettenpapier.

Um zu Kräften zu kommen, beschließe ich, mir einen Tee zu machen. Aus Erfahrung weiß ich, dass man in Hotels immer nur das salzige Mineralwasser Borschomi bekommt und dass der Tee immer gesüßt ist. Ich habe also in weiser Voraussicht alles bei mir: Tee und einen Tauchsieder.

Die einzige Steckdose befindet sich direkt über dem Bett auf halber Höhe der Wand. Und so stehe ich also am Bett. In der einen Hand das Wasserglas, umschlungen von meinem Schal (im Glas steckt nämlich der Tauchsieder, und das kochende Wasser droht aus dem Glas über meine Hand zu spritzen). Und ich frage mich: „Was um Himmels willen mache ich hier in dieser völlig absurden Pose? Was habe ich denn überhaupt in diesem Land zu suchen?"

Antworten gibt es natürlich keine. Ins Bett legen will ich mich auch nicht, die Leintücher sind steinhart, feucht, kratzig und ein Ausweg nicht in Sicht!

Wir legen uns zur Nacht. Ich in das eine Bett, meine kardiologischen Monitore in das andere. Und Lesen zum Einschlafen ist nicht – der Schalter befindet sich ja direkt neben der Türe. Und jetzt soll ich also wirklich nicht einmal lesen können? Wenn man liest, da lenkt man sich doch ab, man denkt darüber nach, was der Autor einem so nahebringen will, aber jetzt … Ich drehe durch, oh mein Gott, ich drehe völlig durch. Ist da denn keiner? Keiner, der mich von diesem Grauen erlöst, mich wegbringt aus dieser selbst gewählten Hölle?

Aber ich habe mich doch selbst auf dieses Leben eingelassen. Da, auf dem zweiten Bett, da liegen sie, meine wunderbaren Geräte! Mit welcher Mühe, welcher Anstrengung, welchen Hindernissen zum Trotz sind sie nach Russland gekommen! Und gerade für diese Geräte interessiert sich dieser Professor Goldberg. Es gibt tatsächlich einen Professor in dieser Stadt. Und mein erstes Unternehmen, mein wirklich erstes eigenes Unternehmen, es soll doch blühen und gedeihen! Und was ist? Ich sterbe – ich sterbe allein bei dem Gedanken, dass eine dieser schrecklichen Kakerlaken unter meine Bettdecke kriechen könnte.

Und so litt Frau Iwanow bis zur Morgenröte. Und der Fernseher leuchtete mit dem ewigen Licht eines Bordells.

Der lang ersehnte Morgen brachte dann die Bekanntschaft mit Professor Goldberg. Kaum hatte sich die Tür zu seinem Arbeitszimmer geöffnet, spürte ich, wie ein lichtdurchfluteter, warmer Hauch auf mich zuströmte, der eigentlich in diesem kleinen, halbdunklen Zimmer kaum möglich schien, aber vom Fußboden bis zu den Bücherregalen alles mit seinen Strahlen erhellte. Ich spürte sogleich, dass diese Wärme vom Besitzer dieses Zimmers ausging, von der weichen Art zu sprechen und seinem gutmütigen Lächeln.

Er ging mit mir sehr warmherzig und einfühlsam um. Meine Geräte begutachtete er mit leuchtenden Augen, er freute sich über alles, besonders darüber, dass ich Deutsche bin, er stellte viele Fragen. Ich meinerseits betrachtete neugierig seinen runden Kopf, sah seine blinkenden Brillengläser, nahm aufmerksam seine Gestik wahr, die Folianten und Lexika auf seinen Bücherregalen, die zahlreichen kleinen Figuren von Kätzchen, die überall herumstanden. Der Professor erinnerte mich an all jene wunderbaren Gelehrten, Eigenbrötler, die bedeutende wissenschaftliche Entdeckungen vorantreiben, mit Augen, die fast etwas wahnsinnig wirken, weil sie vom Erkenntnisdrang so sehr durchdrungen sind.

Ich versuchte herauszubekommen, warum mir auf einmal so wohl zumute war, warum ich diese unerklärliche Freude fühlte, diese Ruhe und diese allumfassende Güte. Schnell wurde mir klar, dass der Grund dafür einfach war: dieser riesige Kopf und die Funken, die hinter den Brillengläsern blitzten.

Und damals wusste ich noch nicht einmal, dass er mehrere Musikinstrumente und fünf Sprachen beherrschte, Autor von zahlreichen medizinischen Büchern war und sogar Gedichte schrieb …

In der Klinik erzählte man mir, dass der Professor seinen Arbeitstag üblicherweise um drei Uhr morgens beginne, und zwar mit seiner Visite bei den Patienten. Während seines praktischen Jahres auf der Intensivstation hatte er nämlich erkannt, dass die meisten Notfalleinsätze bei den Patienten zwischen vier und fünf Uhr morgens erforderlich sind.

Ich dagegen erinnerte mich an die Stunde, als sich die Eulen schon zur Nacht begeben hatten und die Lerchen noch nicht erwacht waren … Und da gibt es doch tatsächlich einen Menschen, der in dieser Stunde nicht selig schlummert! Und der Tod, ja der Tod hat einen Erzfeind, der bereit ist, ihn zum Duell zu fordern. Und dieser Feind ist konkret. Es ist dieser Professor aus Petrozawodsk. Er, dieser Störfaktor für den Tod, geht dann in sein Arbeitszimmer, um im Licht der aufgehenden Morgensonne ein Gedicht zu schreiben, eilt dann zu Vorlesungen für die Studenten, dann wieder zu den Patienten, dann zum Klavier oder zur Geige, zu Büchern oder zu den neuesten medizinischen Journalen, zur Familie oder zu Freunden …

Um drei Uhr (es ist nicht mehr Nacht und noch nicht Morgen) fliegt dieser weiße Engel über die Korridore seiner Klinik in der Hoffnung, dem Tod erneut ein Schnippchen zu schlagen.

Ein Kriegsgefangener und seine Postkarten (2012)

Wenn man alte Briefe berührt, ein abgewetztes Päckchen, sorgfältig kreuzweise verschnürt oder in eine vergilbte Zeitung eingeschlagen, macht einem das Datum manchmal klar, dass man damals noch nicht einmal geboren war … Anfangs hetzt man geradezu von Brief zu Brief (Glückwunschkarten mit den üblichen Texten legt man zur Seite – später!), vertieft sich nicht in einzelne Passagen, wird sogar immer schneller, steckt ungeduldig die Blätter zurück ins Kuvert (aufpassen, nur nicht beschädigen oder gar einreißen!), öffnet gierig den nächsten Brief … ganz so, als ginge es um Beweise und Gegenbeweise.

Später sitzt man dann vor den durcheinanderliegenden Kuverts, aufgewühlt und erschöpft. Ein Gefühlsgewirr. Schambesetztes Gefühl der Indiskretion, in diese privaten Korrespondenzen eingedrungen zu sein, und zugleich ein gewisser Stolz, dieses Archiv erschlossen zu haben. Später lässt man sich dann nochmals genauer ein, etwas langsamer. Aber zuerst, zuerst ist man ganz benommen von diesem Wirbel aus Ungeduld und Neugier.

Nach dem Tod meiner Mutter griff ich nach dem alten Schuhkarton aus einfacher Pappe, in dem sie die Dokumente und die Briefe aus der Nazizeit aufbewahrt hatte, jener Zeit also, über die in meiner Familie so gut wie nicht gesprochen worden war. Diesen Karton hatte meine Mutter übrigens nie versteckt oder gar verschlossen gehalten, die Schachtel stand ganz einfach im Haushaltsschrank. Niemand hatte sie je berührt. Und auch ich zeigte jetzt keine Eile, diesen

Karton zu öffnen. Ich schaute ihn nur immer wieder an. Wieder und wieder.

Aber jede Schachtel wird irgendwann einmal geöffnet. In dieser Schachtel lagen Briefe meines Vaters aus dem Kriegsgefangenenlager in Elabuga. E-la-bu-ga …

Möglicherweise hatte mein Vater dieses Wort einmal vor sich hingemurmelt, möglicherweise hatte es sich in meinem Unterbewusstsein festgesetzt.

Ich wagte kaum zu atmen, als ich die Kuverts aufmachte. Langsam, Wort für Wort, las ich. Jedes Wort für sich. Wie oft hatte ich mir ausgemalt, wie das wohl gewesen sein mochte. Wie viele Dokumentarfilme hatte ich mir angeschaut, wie viele Bücher zu dieser Thematik gelesen … Wie war das denn wirklich gewesen? Ich hatte den Eindruck bekommen, immer weniger zu wissen, je mehr ich davon lese. Und jetzt halte ich diese Blätter in meinen Händen, die Briefe meines Vaters an meine Mutter, mein Gott, ich habe jetzt alles schwarz auf weiß.

Ich weiß aus den Dokumenten des Militärarchivs, dass man die Kriegsgefangenen, bevor sie ins eigentliche Lager gebracht wurden, in einem eingezäunten Fleck auf freiem Feld festgehalten hatte, unter der glühenden Augustsonne Rumäniens im Jahre 1944. Natürlich starben sie, einer nach dem anderen. Wer noch am Leben war, musste dann aufbrechen, unendlich lange Wege, bis zum Ort der Zwangsarbeit im Ural. Dort verteilte man sie auf verschiedene Lager. Mein Vater kam nach Elabuga. Sie hausten in Erdlöchern, bis in den tiefen Herbst hinein. Licht gab es nur fallweise, und oft verschluckte die einbrechende Finsternis alles. Aus den wenigen Erzählungen meines Vaters weiß ich, dass sich die Gefangenen in völliger Finsternis und entsetzlicher Kälte Geschichten erzählten, bis vollständige Stille eingetreten war. Und manch einer wachte vor lauter Hunger und Kälte dann nicht mehr auf. Dieses Gefühl, aus der schwarzen Finsternis nicht mehr zu erwachen, war schrecklicher als alles andere, noch schrecklicher als die frühere Angst, vom Kampffeld nicht lebend zurückzukehren. Die Morgendämmerung zu erleben, galt als Zeichen des Lebens.

„Mit gewissen Härten, die einem gegenübertreten,
muss jeder selbst fertigwerden."

1946 erst durfte mein Vater dann schreiben. Der Umfang war auf die Rückseite einer Postkarte beschränkt, Mitteilungen aus dem Lagerleben waren nicht zulässig. Mit der Zeit änderten sich die Umstände ganz offensichtlich: Seine Schrift wurde nach einer anscheinend langen Krankheit immer präziser, geradezu kalligrafisch, der Bleistift durch eine Feder ersetzt. Wie vorgegeben, schrieb mein Vater nur über eine einzige Sache: welch großes Glück die Zukunft bringen würde. Jede Postkarte war von unerschütterlichem Optimismus getragen: Ich lebe! Ich glaube an das Leben, ich glaube an die Lebensfreude! Das meiste aber verschwieg diese Karte: Wie geht es mir, was bekomme ich zu essen, was muss ich arbeiten, wie leide ich. Egal, wie viel Zeit verging, der Ton der Karten änderte sich nicht. Mit unglaublicher Hartnäckigkeit und sogar Begeisterung schrieb er über jenes Glück, über jene Freude, die ihn zu Hause, in der Heimat erwarte. Er verbot sich offenbar jede Verzweiflung. Drei Jahre lang kam keinerlei Nachricht aus Freiburg. Sein Elternhaus, ja die ganze Stadt war in dieser Zeit durch Bomben zerstört worden, ja, und was war mit dem geliebten Mädchen?

„Ich hoffe, dass du noch lebst."
„Und wir beide wollen am Tag unseres Wiedersehens
die langen Jahre der Trennung vergessen."
„Keine noch so widrigen Umstände können mir meine Lebensfreude
und den Glauben an eine frohe, glückliche Zukunft rauben."
„Ich hoffe, dass du noch lebst."

Meine Mutter aber, die diese Nachrichten las, hatte völlig anderes durchlebt und befand sich auch gefühlsmäßig in einer ganz anderen Welt.

Wer war dieser Mensch gewesen, von dem sie sich 1940 verabschiedet hatte? Ein siebzehnjähriges Bürschchen, das immer wieder am Zaun der elterlichen Gärtnerei herumgestanden hatte, vor den Beeten, zu denen sie täglich gegangen war, um den ganzen Tag zu jäten und zu ernten. Dieser Junge war groß und dünn gewesen, unter der kurzen Hose eckige Knie, die ihn noch jünger wirken ließen. Und er hatte nie verheimlicht, dass er sich in sie verliebt hatte, aber ... das alles war doch nicht wirklich ernst gewesen. Wenn du sechzehn Jahre alt und dabei schon eine ausgesprochene Schönheit bist, wenn du von einer leuchtenden Zukunft träumst, so ist diese Zukunft kaum mit solch kurzen Hosen und eckigen Knien verbunden ... Und von einem Abschied, von einer Trennung zu sprechen, war ja ohnehin unangebracht, denn trennen kann man sich ja nur, wenn man vorher zusammen gewesen ist.

Was soll man also damit anfangen? Mit diesen Karten, mit diesen Briefen? Gut, er wurde als junger Kerl eingezogen. Seit August vierundvierzig, seit der Niederlage der deutschen Truppen durch die Russen in Rumänien (von dort hatte er seinerzeit seinen Eltern eine letzte Karte geschickt) – kein Wort, kein Hauch einer Nachricht. Verschollen.

Und dann, auf einmal – das Freiburger Leben in diesem zweiten Nachkriegsfrühling hatte endlich wieder Fahrt aufgenommen, sogar eine zarte Freundschaft mit einem jungen Mann, einem verträumten Musiker, bahnte sich an –, plötzlich, völlig unerwartet, wie aus einer anderen Welt, diese Postkarten.

Sie hatte ihm nie etwas versprochen. Er war es gewesen, der sie als seinen Ankerpunkt, sein Licht, seine Dulcinea auserwählt hatte ... Allein schon durch ihren Namen, den er auf die Postkarte schreiben konnte. Sie war das Bild, das er immer bei sich trug, eine vergilbte, ausgefranste Fotografie, die wie durch ein Wunder die extremsten Situationen überstanden hatte, und zwar im Stiefel meines Vaters. Nur einmal, das war dann schon in der Gefangenschaft gewesen, hatte man versucht, ihm diese Fotografie abzunehmen. Aber er flehte wohl so inständig, dass ihm der russische Offizier dieses Bild ließ, ihn allerdings zwang, die Widmung „In guter Freundschaft. Margarete" mit einem Messer herauszuschaben.

„Meine frohe Zuversicht und starker Glaube an eine glückliche
Zukunft können durch nichts erschüttert werden."

Sie antwortete nicht gleich. Antwortete erst viel später.

Dann wieder eine Postkarte von ihm, auf Dezember siebenund-
vierzig datiert, zitternde Schrift. Er schreibt nun nicht mehr an ein
Bild aus der Vergangenheit, er schreibt einem Menschen aus Fleisch
und Blut:

„Ich bin unbeschreiblich glücklich."
„Ich verspreche Dir, genau so zu Dir zurückzukehren,
wie ich vor Jahren Abschied genommen habe!"
„Ich bin gesund und erfüllt von Glück!"

Er fragt nicht nach, er interessiert sich nicht dafür, ob sie auf ihn wartet, ob sie ihn sehen will oder ihn gar liebt, er ignoriert ihre ängstlich-
vorsichtige Abschiedsfloskel „In guter Freundschaft" … Dieses Gefühl
zu diesem Mädchen, von dem er nicht einmal wusste, ob es noch lebte,
war das Einzige gewesen, das ihn in diesen Jahren des Kriegs und der
Gefangenschaft aufrechterhalten hatte.

Ein Skelett ohne einen einzigen Zahn. So kehrte er heim. Sein
Elternhaus von Bomben zerstört, als Einziges war ausgerechnet die
kurze Hose geblieben. So stand er also wieder, nach acht Jahren, am
Zaun der Gärtnerei, noch immer der große Junge, der er gewesen
war.

Viele Kriegsgefangene kamen 1948 zurück, sie hatten die Lager für
jene geräumt, die als russische „Verräter" aus den deutschen Lagern
entlassen worden waren …

Alle, die aus dem Krieg oder auch aus der sowjetischen Gefangenschaft zurückgekehrt waren, schienen sich abgesprochen zu haben.
Nachdem der Hunger überwunden, die zerstörten Städte wiederaufge-
baut waren – schwiegen sie. Das galt für die meisten, die dieses Schicksal zu tragen hatten. Sie schwiegen.

1989 in Wolgograd, dem ehemaligen Stalingrad, inmitten des riesigen Pantheons (der berühmte russische Radiosprecher Lewitan rezitiert in einer Weise, die weder nach Chronik noch Gedicht klingt, sondern nach irgendetwas anderem, diese Stimme zieht einen völlig in den Bann, schafft eine ganz eigenartige Atmosphäre), bewegt man sich im Inneren dieses Pantheons entlang der Wände mit den Namen der Gefallenen der Schlacht von Stalingrad (eine schreckliche, entsetzlich lange Liste!). Man bewegt sich entlang dieser unendlichen und schmerzhaften Allee und stellt sich unwillkürlich vor, wie viele dieser jungen Männer, auch deutsche, ihren Familien entrissen, von ihren Liebsten getrennt, hier, unter der Erde von Stalingrad, liegen, zusammen mit den russischen jungen Männern, ja Jugendlichen … achtzehn, neunzehn Jahre, so alt wie damals mein Vater.

Ich durchschreite dieses Pantheon und denke immer nur an eines: Könnte man doch nur eine gemeinsame Gedächtnisstätte für alle Opfer des Krieges schaffen.

1995 zeigte man dann in ganz Deutschland die Wanderausstellung „Vernichtungskrieg. Verbrechen der Wehrmacht 1941 bis 1944", in langjähriger Arbeit vom Hamburger Institut für Sozialforschung konzipiert. Mein Gott, was war das für ein Skandal! Viele Städte weigerten sich, diese Ausstellung zu präsentieren (Freiburg weigerte sich nicht – ich war da). Überall, wo die Ausstellung gezeigt wurde, kam es zu Demonstrationen und fast zu Zusammenstößen. Alle Parteien, Rechte, Linke, Grüne, Christliche, kommentierten mit Schaum vorm Mund die Ausstellung. Die einen schrien: „Endlich erfährt die Jugend die Wahrheit!", die anderen „Gebt dem deutschen Soldaten die Ehre zurück!" und die Dritten: „Ihr wollt nur Verwirrung stiften und die Spaltung zwischen den Generationen vorantreiben!" … Es gab unzählige Meinungen. Alles, was den Deutschen von der Schmach nach den Nürnberger Prozessen geblieben war, war ja gewesen, dass die Hitler-Armee, die Wehrmacht, nicht zu den verbrecherischen Gruppen wie der SS oder der Gestapo gehört hatte. Jetzt aber sollten belastbare wissenschaftliche Quellen und sorgfältig ausgewertete historische Fakten beweisen, dass die deutschen Soldaten und Offiziere nicht nur gehorsame Befehlsempfänger der Nationalsozialistischen Partei gewesen waren. Vielmehr war es eine persönliche Entscheidung gewesen, die Befehle anzunehmen, und entsprechend war auch die individuelle Verantwortung zu sehen. Die Regeln der Kriegsführung waren in vielen Punkten verletzt worden: Genozid an den Juden, Massenerschießungen der Zivilbevölkerung, Aushungerung (durch Blockade), Erschießung von Geiseln, Zwangsarbeit in deutschen Fabriken, Behandlung von Kriegsgefangenen … Und das alles war nicht nur die Sache einer Handvoll fanatischer Nazis. Das belegten die gnadenlosen Bilder, die Dokumentationen, die Karten, die unterzeichneten Befehle.

Somit war es klar: geplante Vernichtung. Bei einer Veranstaltung im Audimax der Universität erhoben sich alte Männer aus dem Publikum. Mit Tränen in den Augen: „Das ist wahr. Genau so war es." Das werde ich niemals vergessen.

Viele Jahre nach der Ausstellung wurden dann Bücher herausgegeben, die von Zeitgenossen meines Vaters geschrieben waren: Damit wurden für viele nicht nur historische, sondern auch emotionale Lücken gefüllt, mit denen wir aufgewachsen waren.

Die Bewohner der Dörfer gaben den Gefangenen zu essen, schenkten ihnen Eier. „Russische Eier". Mein Vater konnte Eier roh essen, er hat sie regelrecht ausgeschlürft und dabei immer die Augen geschlossen. Obwohl er als halbes Kind in den Krieg eingezogen worden war und acht höllische Jahre durchlebt hatte, pflegte er immer zu sagen: „Ein Mensch muss mir erst beweisen, dass er nichts taugt."

Ich habe nie erfahren, wie das Lagerleben für meinen Vater tatsächlich gewesen war. Menschen passen sich an Umstände an, richten sich ihr alltägliches Leben ein und gewöhnen sich an vieles, auch wenn es anfangs unmöglich erscheint.

„Mit der Zeit erscheint einem vieles als selbstverständlich …"

Ich kann die Geschichte meines Vaters nicht „meine" Geschichte nennen, obwohl sie mich so sehr bewegt, sogar gequält hat. Ich habe nur die Puzzlesteine seiner Postkarten.

„Meine geliebte Margarete!
Meine Gedanken weilen bei Dir. Du wirst jetzt mit Deinen Lieben
am Christbaum stehen und im Glanze der Weihnachtskerzen Dich der
glückseligen Stunde erfreuen. Auch wir haben einen Weihnachtsbaum.
Trotz der primitiven Mittel ist er überraschend schön geworden. Eben
haben wir die Weihnachtsfeier beendet und sitzen nun zusammen und
erzählen uns von den Herrlichkeiten daheim im nächsten Jahr ... "
(Weihnachten 1947)

Und mit akkurater Schrift und winzigen Buchstaben:

Still liegt der Friede der Heiligen Nacht
Über der Welt, nur eine Macht,
Die alle Herzen zur Stunde belebt,
Uns harten Männern die Seele erhebt –
Die Liebe hat in diesen Stunden
All Not und Sorgen überwunden.
Der Lichterglanz, der Tannenduft ...
Es ist, als ob die Heimat ruft:
Ihr seid nicht einsam, nicht allein,
Immer wird uns're Liebe bei euch sein!

Absurde à la russe (1980er-Jahre)

Ich sah sie in einer riesigen, damals zu einem Museum umfunktionierten Kirche, die mehrere Eingänge hatte. Der Ort ist egal, wichtig ist nur, dass sie da war. Existierte. Und zwar gegen jeglichen gesunden Menschenverstand. Es handelte sich um eine schwere Granittafel mit versenkten Buchstaben. Die Tafel hing über dem Eingang, der ausschließlich für Ausländer vorgesehen war. Dieser Eingang durfte von sowjetischen Bürgern nicht benutzt werden. Sonst kommen sie noch auf die Idee, Ehen auszuhecken, so wie zum Beispiel die meinige, oder Freundschaften zu schließen … Das soll nicht sein. Man soll getrennt bleiben. Und auch die Kasse war getrennt: Von Ausländern nahm man dreimal so hohen Eintritt.

Die Tafel war von beeindruckender Einfachheit. Auf der Inhaltsebene aber wurde der Verstand eines mittelmäßigen Mitteleuropäers ungemein herausgefordert – jedenfalls dann, wenn diesem Mitteleuropäer das Russische wenigstens in Ansätzen vertraut war. Ich stelle mir vor, dass der Bildhauer nicht wirklich viel Zeit in dieses Werk investiert hat, vermutlich hat er sich aber noch lange amüsiert über den Wahnwitz dieses einmaligen Auftrags.

Nun denn. Die Worte auf der Granittafel lauteten:

ENTRANCE

EINGANG

ENTREE

ВХОДА НЕТ.

Vchoda net. Kein Eingang. Ich könnte nun dieses Kapitel damit schließen, dass mir auch schon früher eine ähnlich absurde Tafel begegnet war, und zwar bei dem berühmten Wasserfall auf Jalta: „Der Wasserfall arbeitet heute nicht."

Am Eingang eines Leningrader Restaurants habe ich ein nicht minder interessantes Exponat gefunden: „Mest net". Keine Plätze. Nichts Besonderes eigentlich, jedes bessere Lokal hat eine solche Tafel, aber … diese Tafel war aus wertvoller Bronze und mit Schrauben an der Wand fixiert. Auf immer und ewig.

Das ist doch mal Konzeptkunst, das ist doch mal eine Idee! Wie oft habe ich davon geträumt, auch in Freiburg so ein sowjetisches Restaurant aufzumachen. Mit genau so einer Tafel.

Dieses Restaurant kann man nämlich nicht einfach so besuchen. Nur unter besonderen Umständen. Vielleicht mit einer geheimen Losung, einem Codewort, das aber nur einen Abend lang gültig ist. Diesen Code erfahren natürlich nur Auserwählte (und du selbstredend nur dann, wenn du diese Auserwählten kennst!) oder Bekannte, die wiederum diese Auserwählten kennen. Es werden zum Beispiel Gerüchte in die Welt gesetzt, dass dienstags immer freier Eintritt ist. Aber das gilt nur für einen einzigen Dienstag, und das nächste Mal ist alles ganz anders. Der Türsteher ist nicht käuflich und gibt niemandem eine Erklärung ab.

Das wiederum stachelt beim Möchtegernbesucher den Ehrgeiz an. Er überlegt hin und her: Wie kann das denn sein? Das kann doch nicht angehen, dass es gerade mir nicht gelingt hineinzukommen? Da sitzen doch Menschen und essen. Warum komme ausgerechnet ich da nicht hinein?

Also gut, nehmen wir an, den Schlauesten der Schlauen ist es tatsächlich gelungen, einen Tisch zu ergattern. Vor ihnen liegt nun eine prächtige Speisekarte. Bestellen kann man allerdings nur Speisen, bei denen ein Preis angegeben ist. Und wenn dann der Kellner bei diesen Speisen sagt, dass es sie heute nicht gebe, wundert sich niemand. Denn es ist ein sowjetisches Restaurant. Salz und Pfeffer befinden sich übrigens in gleich aussehenden Streuern, man muss also lernen, dass Salz nur ein Loch hat, der Pfeffer dafür drei (bei uns in Deutschland ist das umgekehrt). Wichtig ist auch, dass die Bezeichnungen der Speisen absolut nichtssagend sind: Erst wenn du probierst, errätst du, ob es sich um Kalbfleisch oder Lachs handelt, aber es schmeckt immer gut ... Ja, es muss sogar fantastisch schmecken!

Und wenn ich mehr Zeit und Muße gehabt hätte, hätte ich schon längst Nägel mit Köpfen gemacht und ein solches Restaurant in Freiburg eröffnet. Natürlich mit Koteletts auf Kiewer Art. Als Inhaberin einer solchen Gaststätte hätte ich mir jeden Tag neue Methoden ausgedacht, um meine Kundschaft zu täuschen, zu verwirren und gleichzeitig abzuweisen. Aber, mag man nun einwenden, das geht doch nicht, das ist doch kein Teppichgeschäft mit dem permanenten Reklameschild „Ausverkauf", Teppiche können ja durchaus herumliegen, verderben nicht, und wenn die Tür zum Geschäft am heutigen Tage nicht ein einziges Mal quietscht, was soll's ... Aber hier, hier verderben doch Lebensmittel. Und wie soll man auf solche Weise den Koch und das Personal bezahlen? Wie kann ein solches Lokal zu Reputation kommen? Weiß man nicht, wie schwer es für andere Restaurants ist, sich immer wieder bewähren zu müssen?

Völlig unlogische Herausforderungen und noch weitere dazu. Natürlich hätte ich sie nicht einmal im Ansatz bewältigen können. Ich habe das ja auch niemals ernsthaft probiert. Obwohl: Was mich an diesem Gedankenspiel tatsächlich interessiert, ist das kafkaeske Rätsel eines Restaurants, das nicht zugänglich ist, in das man niemanden einlässt, das aber dennoch jeden Abend verkündet, es gebe nicht einen einzigen freien Platz.

Ich habe mich auch nie mit der Frage herumgeschlagen, ob ich nach Russland reisen soll oder nicht. Ich fahre einfach. Kaum habe ich dann die Gangway verlassen und meinen Fuß auf die Erde gesetzt, frage ich mich jedes Mal, erschrocken über mich selbst: „Warum mache ich das eigentlich?" Um dann schicksalsergeben in Richtung Pass- und Zollkontrolle zu gehen ... Dort erwartet mich nämlich mit regelmäßiger Sicherheit Unangenehmes. Irgendwie ist wohl groß auf meine Stirn geschrieben: „Bitte kontrollieren!"

Am Anfang meiner Reisen in dieses Land, also in sowjetischer Zeit, wurden meine Koffer durchwühlt, meine Papiere mit Röntgenstrahlen durchleuchtet und schlaue psychologische Methoden angewandt. Ein Beispiel. Der Grenzbeamte fragt: „Vy govorite po-russki?" (Sie sprechen Russisch?) Ich zu ihm: „Nein", um Nachfragen zu vermeiden. Aber er macht einfach weiter mit seiner Befragung, und ich antworte einfach nicht. Er starrt lange stumpf auf die Papiere, sagt dann mit betont gelassenem Ton: „Otschki snimite!" Brille abnehmen! Und ich nehme gehorsam die Brille ab …

Aber wozu das Ganze? Das ist die eigentliche Frage. Warum ist alles so kompliziert wie zum Beispiel in diesem Restaurant?

Nachdem sich die Machtverhältnisse gedreht und ich Wirtschaftsbeziehungen mit Russland aufgenommen hatte, durchleuchteten die Zöllner dann nicht nur meine Papiere oder meine Koffer, sondern mich selbst gleich dazu. Ich bekam Übung darin, mein Gesicht unbeweglich, wie eingefroren wirken zu lassen. Schwieg nach dem Motto „Ich weiß von nichts, und eure erniedrigenden Prozeduren machen mir auch nichts aus, ich bemerke sie nicht einmal". Aber wirklich erstaunlich war, dass es mir mit der Zeit so vorkam, als ob meine Absichten oder meine Gedanken tatsächlich nicht sauber sein könnten. Dass ich tatsächlich etwas zu verbergen hätte.

Obwohl ich nichts Verbotenes dabeihatte und sich meine Geschäftspapiere auch immer in idealer Ordnung befanden, war ich jedes Mal erleichtert, wenn die Kontrollen hinter mir lagen. Wohl ein ähnliches Gefühl wie bei einem Menschen, dem es mit allen Tricks gelungen ist, in das Restaurant zu gelangen, wo es eigentlich „Keine Plätze" gibt. Bleibt nur eine einzige Frage: Wozu das Ganze?

Im Laufe meines Lebens war ich in ganz unterschiedlichen Rollen mit diesen Grenzbeamten und Gesetzeshütern konfrontiert: als Studentin, als Leiterin von Touristengruppen, als Ehefrau eines Sowjetbürgers, als Unternehmerin. Aber egal, in welcher Rolle, man hat mich regelmäßig durchleuchtet und kontrolliert. Menschen in grauen Anzügen standen zum Beispiel vor dem Hauseingang herum, wo sich die Kommunalwohnung meines Ehemannes befand. Ziel war es wohl zu überwachen, dass ich tatsächlich um zehn Uhr abends das Haus verließ. Meinem Ehemann aber war es zugleich streng verboten, in einem Hotel für Ausländer zu übernachten (das heißt also bei mir). Wenn wir aber ein Nachtlager bei Freunden suchten oder die Stadt verließen, so interessierte das niemanden. Die Kontrolle blieb einfach dort, wo mein Mann offiziell gemeldet war. Das Ganze erinnerte an französische Komödien mit trotteligen Polizisten, nur dass es in diesem Fall nicht ganz so lustig war …

Wenn ich mich dann aus diesem Sumpf des Unerklärlichen und der ewigen Rätsel herauswinde und endlich nach Hause, nach Deutschland, zurückkehre, was dann? Kann ich dann durchschnaufen in meiner schönen Stadt, die ich bis in die letzte Nische kenne, wo alles so klar und logisch scheint? Schön wär's … Denn hier stoße ich bisweilen auf eine Mauer von Unverständnis und ganz andere Formen des Verhörs: Was ich denn verloren hätte in diesem Russland, ob denn noch alles in Ordnung sei in meinem Oberstübchen … Und sofort beginne ich mit meiner Verteidigung. Verteidige vor den Deutschen meinen Wunsch und mein Recht, mit Russen zu arbeiten. Muss mich wieder und wieder rechtfertigen, muss beweisen, dass der Dialog mit Russen möglich, sogar unabdingbar ist! Dass die russischen Menschen, wenn sie sich dir gegenüber öffnen, wunderbare menschliche Eigenschaften zeigen, aufrichtig sind ihren Partnern gegenüber, verantwortungsbewusst …

Wenn sie sich öffnen. Ja, wenn.

Ich weiß nämlich auch sehr gut, mit welcher Kälte, mit welcher Distanziertheit dir ein Russe entgegenkommt, wenn er dir durch den Telefonhörer sein „Aló" entgegenschleudert. Ein Deutscher stellt sich üblicherweise namentlich vor, aber hier „Aló". Mir läuft es bei diesem „Aló" immer kalt den Rücken hinunter. Dann aber diese sekundenschnelle Verwandlung, sobald der Mensch deinen Namen hört: „O-o-oh! Meine Liebe! Wie freue ich mich, dich zu hören!" …

Und wieder möchte man fragen: Wozu das Ganze? Wozu diese seltsamen, künstlichen Barrieren? Liegt ihr einziger Sinn darin, dass sie überwunden werden müssen?

Hammelfett und Pferdefleisch (1989)

Hammelfleisch ertrage ich nicht. Allein der Geruch ist mir schon zuwider.

Meine Tätigkeit führte mich mit einer Delegation im Jahre 1989 nach Alma-Ata, um einen wichtigen Vertrag auszuhandeln. Es ging um den Bau von Spezialbunkern für Bestrahlungstherapien in Kasachstan. Ich begleitete Schweizer Spezialisten: einer mit seiner russischen Geliebten Mascha, der andere, ein netter Kerl, Architekt und allein, außerdem noch Serjoscha aus Moskau. Mascha war keine Schönheit, aber doch so attraktiv, dass sie Ausländer für sich einnehmen und alles aus ihnen herausholen konnte, was irgend möglich war. Sie vertraute mir und weihte mich in sehr lehrreicher Weise in ihre Methoden ein, wie man einen Geliebten animieren kann, Schmuck zu schenken oder eine schöne Wohnung zu erwerben. Ich war tief beeindruckt von diesen weiblichen Perspektiven, die sich trotz eines offensichtlichen Mangels an Schönheit eröffnen können. Aber ich lernte natürlich auch, dass äußere Schönheit nicht zwingend eine Grundbedingung für die magische Kraft mancher Frauen ist.

Ein hoher Beamter aus dem Ministerium für Gesundheitswesen nahm uns offen und freundlich in Empfang. Wir wurden eingeladen, aber nicht irgendwohin, sondern direkt in sein Privathaus. Er erwies uns, seinen Gästen, eine große Ehre: Zwei Hammel waren extra für uns geschlachtet worden …

Ich glaube, kein Tisch hat mich in meinem Leben mehr beeindruckt als dieser: Er bog sich geradezu unter verschiedensten Speisen, allerdings: Alle bestanden aus Hammelfleisch. Es gab zwei Ausnahmen. Wodka und gesalzene Gurken, an die ich mich einigermaßen enttäuscht und lustlos dann auch halten musste. Von Zeit zu Zeit betrachtete ich mit gierigen Augen den Überfluss der kredenzten Gerichte und erkundigte mich dann bei Serjoscha aus Moskau, der neben mir zu sitzen gekommen war, was das denn wieder für ein Gericht sei. Und immer wieder war es – Hammelfleisch.

Hungrig und zunehmend frustriert, erfüllte ich meine Verpflichtungen als Dolmetscherin, eine Tätigkeit, die mir nicht einmal in sattem Zustand Vergnügen bereitet.

Dann aber, als besonderer Höhepunkt in diesem Programm, wurde eine weitere Delikatesse aufgetragen. Man stellte einen riesigen braunen Sack auf den Tisch. Es war der Magen des Hammels, gefüllt mit Eingeweiden. Die Eingeweide waren kunstvoll drapiert, die Gedärme sogar in kleine Zöpfchen geflochten. Mit ausgefeilten diplomatischen Floskeln gelang es mir, von diesem Gericht Abstand zu nehmen, ohne den Gastgeber und seine Großzügigkeit zu beleidigen. Uff. Ich schluckte wieder Wodka und aß noch ein paar Gurken. Der nächsten Speise sah ich dann schon fast mit rettender Gelassenheit entgegen, noch ein paar Gläschen Wodka mehr, und ich hätte wohl auch Hammeldarm gelassen hinuntergewürgt. Aber … Serjoscha flüsterte mir plötzlich zu, das nächste Gericht sei kein Hammelfleisch. Das sei „Konina".

Ich frohlockte: „Ach, Kaninchen!" Kaninchenfleisch isst man ja bei uns in Deutschland. Es ist zwar nicht mein Lieblingsgericht, aber es geht. Mein Gott. Was haben die für Kaninchen hier. So riesig. Und überhaupt keine Ähnlichkeit mit unserem Kaninchenfleisch. Macht nichts. Ich hab's gegessen. Lehne mich zurück. Bin zufrieden. Erst später begriff ich, dass ich nach dem vielen Wodka und aus Hunger das Wort intuitiv falsch gedeutet hatte: Konina heißt Pferdefleisch …

Jetzt aber … weiter übersetzen. Und nun, meine Damen und Herren, nun kommt es zur Krönung unserer Tafel: der Hammelkopf, zwei Tage im Ofen geschmort … Serjoscha, reich mir doch ein Gürkchen. – Sie, lieber Herr Delegationsleiter, Sie haben nun eine höchst ehrenvolle Aufgabe: Sie werden jetzt den Kopf in Stücke schneiden und jedem Gast ein solches Stück mit besten Wünschen und Kommentaren reichen. Seien Sie stolz, freuen Sie sich, dass ich Ihnen dieses Ritual anvertraue. – Danke, Serjoscha.

Unter dahingemurmelten Beifallsbekundungen der Runde zerlegt der kundige Schweizer den Schädel und denkt sich für jedes Stück einen schönen Spruch aus. Er ist offensichtlich mit dem Ritual vertraut. Und ich ... ich habe diesen ganzen Blödsinn zu übersetzen. Als er aber mit der einen Hand die Gabel zückt, um aus Untiefen die verschrumpelte Zunge dieses Viehs herauszuziehen, und diese Zunge dann mit der anderen Hand langsam und sorgfältig abschneidet, richtet er seinen Blick geradezu lustvoll auf mich. In seinen Augen blitzt etwas auf. Eine besonders geistreiche Formulierung kündigt sich an, die offensichtlich auf mich gemünzt sein soll. In diesem Moment bereue ich zutiefst, mich jemals auf das Gebiet der Linguistik begeben zu haben. Diese Zunge, herausgeschnitten aus dem Kopf eines Hammels, soll wohl – ach, was für ein lustiger Spaß! – als Symbol für meine Sprachfertigkeit dienen. Und ich soll natürlich keine Spielverderberin sein und diese Zunge unter Beifall verspeisen.

Ich muss auf diesen Wahnsinn reagieren, genauer gesagt: Jetzt regt sich mein Kampfgeist. Und ich sage sehr deutlich, und zwar auf Deutsch: „Trau dich ja nicht, wag es ja nicht, mir jetzt diese Zunge zu geben. Du hast die Wahl: Ich werde kein Wort mehr übersetzen und eure ganze Delegation zum Teufel jagen."

Alle blicken schon erwartungsvoll auf mich, Serjoscha aus Moskau versucht mitfühlend zu lächeln. Dann die Überraschung: Die Zunge wird nicht mir, sondern der schlauen Mascha gereicht, der Geliebten des schweizerischen Spezialisten. Und weil seine Improvisation bei diesem Akt nicht besonders geistreich ausfällt, fangen jetzt alle zu kichern an, vermutlich vor allem wegen der Zweideutigkeit des Ganzen.

Den kulinarischen Kulminationspunkt – die Augen des Hammels – durften dann nur Gäste männlichen Geschlechts verspeisen, denen diese Delikatesse aus der Hand von Kasachinnen gereicht wurde. Nun war es allerdings an mir zu lächeln ...

Ich wachte im Hotel auf und hatte nur einen einzigen Wunsch, ja Traum: ein knuspriges Brötchen mit Käse und Marmelade und eine Tasse mit heißem Kaffee, stark und schwarz. Natürlich wusste ich, dass man ein solches Frühstück dort nicht erwarten konnte, aber allein die Vorstellung ließ mich schon wohlig aufseufzen. Wenigstens Kaffee! Kaffee! Schnell, hoffnungsvoll, eilte ich zum Frühstück. Unten erwarteten mich schon die freundlichen Menschen. Es wurde Hammelbrühe serviert. Kalt, mit einer dicken gelben Fettschicht obendrauf. Man sagte mir, dass dies ein ganz wunderbares Mittel sei für den Tag nach einem Wodkagelage ...

Aber die Stadt Alma-Ata selbst gefiel mir sehr gut. Großzügig, grün. Mit Mascha war ich in einer der berühmten Banjas am Tag für Frauen. Einfach großartig, diese Banja ... In einem runden Saal unter der hellen Kuppel mit Dutzenden von Fenstern saßen wunderschöne, schlanke Frauen auf weißen, kreisförmig angebrachten Marmorbänken. Sie behandelten ihre Körper, die ebenso glatt waren wie diese Marmorbänke, mit heißem Wachs, bestrichen sich mit Honig und wuschen ihr schönes, langes, schwarzes Haar mit heißem Wasser ... Diese Frauen waren so wunderbar und so bezaubernd schön, dass ich mir unter ihnen wie eine Barbarin vorkam.

Die Banja erinnerte an römische Thermen. Es ist ja bekannt, dass viele Bauherren sich an den Mustern reicher und bedeutender Römer orientierten, die für sich und die Ihrigen Bäder erbaut hatten, die an Tempel erinnern. Dort lässt man sich in riesigen Becken nieder, lehnt bequem den Kopf an den Rand, schaut entspannt nach oben auf die Malereien und Statuetten. Die Wände reichen bis in die Wolken, das Ganze wird gekrönt von der wunderbaren Kuppel und dem runden Abschluss, der sich in den Himmel öffnet. Und jeder Teil, jeder Raum dieses Tempels hat seine eigene Bedeutung, sein eigenes Ritual. Und überall wunderbarer Marmor und wohltuende Stille – kurz und gut: ein Badetempel.

Bei den Russen waren die Bade- bzw. Banjavergnügungen nicht unbedingt mit ausgefallener Architektur verbunden. Eine Hütte, mit Holzstücken geheizt, der berühmte „Wenik", die Birkenrute, und im Winter nach der Banja dann der Schneehaufen oder das Eisloch. In sowjetischer Zeit kamen dann noch die engen Verbindungen zwischen Kirche und Badeanstalten hinzu. Eine der Kirchen in Rom wurde von Michelangelo auf den Ruinen alter Thermen erbaut, in Leningrad aber hatte man eine Kirche beschlagnahmt, um darin eine Badeanstalt einzurichten. An der Stelle des Altars befanden sich dann die Sprungtürme. Auch die kommunistischen Losungen waren dort angebracht, direkt beim Altar (das habe ich 1977 mit eigenen Augen gesehen). Diese Kirche hatte, als sie noch Kirche gewesen war, der lutherischen Gemeinde gehört, Deutschen also, die seit dem 18. Jahrhundert in Sankt Petersburg lebten. Die Pastoren hatte man natürlich erschossen, das war 1937 oder 1938 …

Und an der Stelle der gesprengten Christus-Erlöser-Kathedrale in Moskau wollte man zunächst einen babylonischen Turm bauen: den Sowjetpalast. Das Projekt sollte mehr als imposant werden, der Turm sollte bislang noch nicht gesehene 500 Meter hoch sein, aber damit noch nicht genug! Auf die Spitze wollten sie einen riesigen Lenin stellen, einfach unglaublich. Und was für eine Statue! Der Grad der menschlichen Gigantomanie ist nicht zwingend proportional zu den physischen Unzulänglichkeiten mancher Menschen, korreliert aber immer direkt mit deren krankhafter Selbstverliebtheit. Wenn man zu Vergleichszwecken die Freiheitsstatue neben die Lenins gestellt hätte, so hätte sie mit ihrer Fackel etwa gerade dorthin gereicht, wo die Beine am Rumpf ansetzen. So gigantisch hätte dieser Lenin ausfallen sollen. Es hätte auch nichts ausgemacht, dass er bei schlechtem Wetter in den Wolken verschwunden wäre, denn dafür hätte er sich dann in schönen Tagen ganz großartig präsentiert. Und die Moskauer hätten dann auch, je nachdem, wie dieser Gigant sichtbar gewesen wäre, alle möglichen Überlegungen anstellen können: „Nun, wie ist es heute so, ist Lenin zu sehen?" – „Viel besser als gestern, bis zum Gürtel kann man ihn sehen." Oder: „Heute ist er kopflos, aber mal sehen, was morgen ist – der Sonnenuntergang jedenfalls war klar …"

Die Fertigstellung dieses Baus wurde – so zumindest die offizielle Version – durch den Krieg gestört, und deshalb verwandelte man die riesige, bereits mit Mauern bewehrte Baugrube schlussendlich in ein Freibad. An frostigen Abenden bildete sich dann für viele Jahrzehnte eine leuchtende Dampfwolke wie über einer riesigen Schüssel im Zentrum Moskaus …

Aber es geht nicht gut aus für Schwimmbäder, die anstelle von Kathedralen gebaut werden – nur andersherum ist solch eine Geschichte erfolgreich.

Das Programm für die Besichtigung von Alma-Ata schloss auch einen Besuch bei einem etwas verrückten Künstler mit ein. Er war eine örtliche Berühmtheit. Ein beeindruckender, stämmiger, stattlicher Mann in einem schmutzigen Adidasanzug führte uns in sein Atelier. Es war ebenfalls ziemlich dreckig, zugleich aber ausgesprochen malerisch. Man hätte von jeder Ecke ein Stillleben malen können: von dem kaputten Stuhl, auf dem sich irgendwelche unklaren Dinge türmten, von einem zerbrochenen Schälchen, von den leeren Konservendosen mit den Pinseln drin, von jedem Fetzen, der vor lauter Ölfarben schon steif war … Auf dem wackeligen Tischchen ein alter Kerosinkocher, wie man ihn heute eigentlich gar nicht mehr findet, darauf kochte in einem kleinen, schwarz umrandeten Emailletopf irgendetwas vor sich hin …

Die Gemälde dieses Künstlers waren hell und leuchtend auf großformatigen Leinwänden. Er erwartete offensichtlich, dass wir etwas kauften. Entsprechend durchdringend schaute er uns an. Meine Augen fixierte er besonders, als ob er etwas spitzkriegen wollte. Ich begriff sofort: Das wird kein gutes Ende nehmen.

Der Künstler nannte einen Saal „nur für Männer" sein Eigen, wo Bilder mit „nackter Natur" gezeigt wurden. Frauen waren hier nicht zugelassen. Für mich als Übersetzerin wurde allerdings notgedrungen eine Ausnahme gemacht, und als ich die Bilder erblickte, musste ich unwillkürlich lachen. Vor mir sah ich dieselben außergewöhnlich hübschen Frauen, an denen ich mich am Frauentag in der Banja hatte erfreuen können. Natürlich warfen sie von der Leinwand aus schmachtend-herausfordernde Blicke herab, was – dies war ganz offensichtlich – dem Künstler sehr gefiel. Ihre Haare waren auf jedem Bild in enge Zöpfe geflochten, für den Künstler wohl von besonders erregendem Interesse.

Als wir aus diesem „Männersaal" dann wieder in das schmutzige Atelier zurückgekehrt waren, drückte mich der Künstler an die Wand: „Du bist ganz anders als unsere Frauen, die ich gemalt habe … Du musst Pferde-Kumys trinken."

Also gut. Sie lieben es doch so sehr, Gastfreundschaft zu zeigen und zu bewirten, es wäre einfach unhöflich, das Angebot nicht anzunehmen. Ich sagte mir, nun gut, Kumys, das ist schließlich kein Hammelfleisch, und trank mutig die säuerliche Flüssigkeit.

„Und nun", sprach der Künstler in feierlichem Ton, „jetzt musst du DAS essen" – er zeigte mit dem Finger in Richtung Kochtopf –, „und anschließend gehen wir in die Steppe, und dort werde ich dich malen!"

Meine Delegation konnte sich von den nackten Kasachinnen wohl irgendwie nicht losreißen, und langsam schwante mir, dass ich in einigen Minuten laut „Hilfe" würde rufen müssen. Der Künstler zog nun mit einem Gäbelchen etwas Braunes aus dem kleinen Kochtopf, dampfend heiß, und seine Augen, die ohnehin etwas Glotziges hatten, traten nun endgültig aus den Augenhöhlen, so aufgeregt war er darüber, was jetzt geschehen würde. Denn DAS, was er angekündigt hatte, war nichts anderes als – das Geschlechtsteil eines Gauls.

Ob ich jetzt in Ohnmacht gefallen bin oder laut um Hilfe gerufen habe – ich weiß es nicht mehr genau. Ich weiß nur, dass ich das beste Stück vom Gaul nicht probiert habe. Und auch in der Steppe habe ich nicht Modell gestanden.

Ich weiß auch nicht, wie ich da wieder herausgekommen bin. Wahrscheinlich wurde die Sache von den Schweizer Spezialisten geklärt.

Der Dolch des
Wehrmachtsoffiziers (1990)

Eine Messe, in der die Aussteller ihre Waren und Produkte präsentieren, ist eine Welt für sich. Mit Zugängen zu den Toiletten, zum Büfett und – wenn man Glück hat – auch zu neuen Märkten. Jeder Tag, den man in diesem künstlichen Universum verbringt, endet üblicherweise mit einem Abendessen in einem Restaurant. Während der Arbeit ist einem ziemlich egal, wie die Stadt heißt, in der man sich gerade befindet. Aber wenn man dann ins Restaurant beziehungsweise – mehr noch – ins Hotel geht, wird sofort klar, ob es eine große Stadt ist oder eben nicht. Wenn im Badezimmer die Dusche so bescheuert angebracht ist, dass der Schlauch kaum bis zur Ecke reicht, wo man eigentlich duschen sollte, der entsprechende Wasserhahn aber über dem Waschbecken montiert ist, wo man eigentlich nur die Hände waschen will, auf einmal aber von seitlich oben völlig unerwartet kaltes Wasser auf einen niederrauscht – wenn das alles genau so passiert, dann ist man offensichtlich nicht in Moskau. Man jammert dann und flucht vor sich hin. Wenn aber aus einem der Nachbarzimmer derselbe laute Aufschrei dringt und dieselben Verfluchungen zu hören sind, ja, dann lacht man, schadenfroh, mitleidlos.

Wenn aber das Hotel „Grubenarbeiter" heißt und das Restaurant, in dem man einen Abend mit Kollegen verbracht hat, „Kohle", dann ist man eindeutig in Donezk.

Donezk durchlebte damals eine große Krise, Löhne und Gehälter wurden nicht gezahlt, die Bergleute streikten. Die Regierung reagierte darauf mit Maßnahmen zur „Verbesserung der medizinischen Versorgung der Bergarbeiter". Deswegen waren wir dort aufgetaucht, um auf der Messe unsere medizinischen Geräte zu präsentieren.

Es gab aber dort nicht nur keine Gehälter, es gab einfach gar nichts. Die Russen gebrauchen dafür sogar eine doppelte Verneinung: Es gab nicht nichts. Wir brachten unser eigenes Toilettenpapier mit. Ende der 1980er- und Anfang der 1990er-Jahre war das eine Kostbarkeit und nicht zu bekommen. Als Ersatz dafür diente auf den Toiletten – wenn überhaupt – aufgeschnittenes Zeitungspapier. Man konnte also auf diesen Papierfetzen bequem etwas lesen, Brocken aus der Vergangenheit sozusagen. Eine Schweizerin (diese Ausstellung war von einer Schweizer Firma organisiert worden) verstand diese Zeitungsfetzen jedoch ausschließlich als Lesestoff, nahm deshalb die für unser Team mitgebrachten teuren Rollen mit schneeweißem Klopapier und legte sie sorgfältig in allen Toiletten des Ausstellungsgebäudes aus. Ich laufe sofort los, will retten, was zu retten ist, aber zu spät – alles ist schon weggeschleppt. Und dann mussten wir auch jeden Abend die Toiletten ablaufen, um aus den Abfallkörben die teuren Hochglanzbroschüren der ausstellenden Firmen zu fischen. Denn viele Besucher der Ausstellung hatten diese nur wegen der schönen Plastiktüten mitgenommen und den Inhalt entsorgt. Diese Tüten ersetzten nicht nur die sogenannte Awoska, dieses Einkaufsnetz, das man immer mit sich trug für den Fall, es gebe unerwartet doch einmal etwas zu kaufen. Die Plastiktüten waren viel mehr – ein modisches Accessoire!

Auf diesen Messen gab es nicht nur Vertreter medizinischer Firmen. Sie waren eher langweilige Erscheinungen im Vergleich mit jenen Frauen, die zur Bedienung und in der Küche eingestellt waren. Spülerinnen mit so langen roten Nägeln gibt es in keinem anderen Land dieser Erde! Und nirgendwo ist in der Küche Personal im tief dekolletierten Abendkleid anzutreffen, mit fantasiereichen Frisuren, raffiniert geschminkt und mit langen Wimpern! Das war ein richtiger Heiratsmarkt inmitten des anderen Marktes, und er funktionierte bestens: Irgendein Ausländer blieb immer an einer solchen Köchin mit ihren Purpurnägeln und dem verführerischen Lächeln hängen ...

Und natürlich müssen auch die Schweizer Standbauer erwähnt werden, die in einem völlig leeren Raum eine eigene Ausstellungswelt zaubern und diese schließlich an den Strom anschließen, bevor völlig unterschiedliche Menschen mit verschiedenen Sprachen und Mentalitäten dort zusammenkommen. Und am Ende der Veranstaltung führen die Monteure alles wieder auf den Nullpunkt zurück, und die Hallen sind wieder leer.

Diese Monteure, Genies mit schwarzen T-Shirts und Hosen mit vielen Taschen, waren bemerkenswerte Menschen. Einer wie der andere hatte Ähnlichkeit mit verrauchten Gitarristen, die harten Rock spielen: wirre lange Haare, ausufernde Tätowierungen, leichte Alkoholfahne aus rötlich anmutenden Gesichtern … Man munkelte, sie arbeiten immer ein halbes Jahr, verdienen dabei enorm viel und verbringen dann das andere halbe Jahr in ihren Villen in Thailand, wo sie von ihren thailändischen Ehefrauen bereits sehnsüchtig erwartet werden. Das alles hinderte sie aber nicht daran, regelmäßig und weithin hörbar die Dienste russischer Damen in Anspruch zu nehmen. Es mag vielleicht seltsam klingen, aber für mich war es immer leicht und angenehm, mit diesen Männern zusammenzuarbeiten. Sie waren hundertprozentig zuverlässig, und mit ihrer Hilfe ließen sich alle technischen Probleme während der Messe lösen.

Im Restaurant Kohle war es ziemlich ungemütlich, das Essen so lala. In einem dunklen Nebenraum dröhnte Musik. Eine diskotheken-übliche Glitzerkugel, Schenkel in Bewegung … Mädchen tanzten so selbstvergessen Lambada, als ob es weder Streiks noch Mangelwirtschaft oder gar eine Krise gäbe – was wollen diese hübschen Mädels auch mit Politik … Und auch ich tanzte mit ihnen Lambada in diesem Wirbel von tanzenden Lichterflecken.

Am ersten Tag der Messe machte ich die Bekanntschaft mit einem Arzt, Chef eines Brandverletztenzentrums für Bergleute. Man munkelte, er sei ein Meister auf diesem Gebiet der Chirurgie.

In seiner Art und Weise zu sprechen, auch in seinen Gesten spürte man die in sich ruhende Kraft eines Menschen, der es gewohnt war, mit Extremsituationen umzugehen. Er war eher wortkarg, seine Scherze waren laut und manchmal sogar zynisch. Aber sein Blick! Ging durch und durch. Daniil Kornejewitsch sah genauso aus, wie er lebte. Körperliche Kraft und die Notwendigkeit, immer wieder schnelle, weil lebensrettende Entscheidungen zu treffen, hatten ihm eine Physiognomie verliehen, die an eine Steinskulptur erinnerte: bewusst klobig, ohne Details, der Eindruck von Ganzheit und die Kraft der Struktur sollten nicht zerstört sein.

Er war auch zuständig für weibliche Herzen und machte mir Avancen. Da er sein Zentrum mit modernster Technik ausstatten sollte, begann er Verhandlungen mit vielen Herstellern. Nach der Messe legte er großen Wert darauf, dass ich ihn dann bei seinen Geschäftsreisen nach Westeuropa zu den Herstellern als Dolmetscherin begleitete.

Meine standhafte Zurückweisung verwirrte ihn offenbar, er war gewohnt zu herrschen, zu beherrschen. Jeden Abend stand er vor der Tür meines Hotelzimmers und sagte, er habe noch nie eine so grausame Frau getroffen. Während der Dienstgeschäfte war ich mit ihm immer in großen Gruppen zusammen. Es wurde gemeinsam getrunken und auch gesungen. Alles unkompliziert. Aber den Moment, wenn er wieder vor meiner Tür auftauchte, fürchtete ich jedes Mal von Neuem.

Wir waren wieder zurück in Donezk zu Verhandlungen mit ihm und am Abend auf seiner Datscha. Inmitten unserer fröhlichen Runde hatte er plötzlich einen ernsten, sogar rätselhaften Gesichtsausdruck, in der Hand einen Gegenstand, eingeschlagen in ein Küchenhandtuch. In seinen Augen sah ich etwas völlig Neues. Es war nicht die übliche Selbstsicherheit und auch nicht der Schalk, keine Dominanz oder gar Forderung nach Unterwerfung, kaum verdeckt durch den dünnen Schleier von Leidenschaft. Nein, sein Blick hatte etwas Seltsames, das man nicht als Begehren interpretieren konnte.

Er machte den Eindruck, als sei er mit einer geheimen Mission betraut. Das kam nicht nur von dem Paket, das er vor sich hertrug und das wie ein Geschenk mit einer riesengroßen roten Schleife wirkte. Nein, viel gewichtiger war wohl das unglaubliche Vertrauen, das er mir offenbar erweisen wollte. Durch sein ganzes Auftreten rückten all seine vorherigen kläglichen Versuche, mich zu erobern, völlig in den Hintergrund. Jetzt handelte es sich um eine ganz andere Sache, die nichts mit Verführung zu tun hatte.

Ich schlug das Küchentuch zurück, erblickte einen schönen Dolch und stammelte. „O-o-oh!", mehr konnte ich nicht sagen, schaute vielmehr fragend auf Daniil Kornejewitsch. Dies sei der Dolch eines Wehrmachtsoffiziers, sagte er. Eines hochrangigen Offiziers sogar. Der Reichsadler, der in seinen Klauen das Hakenkreuz hielt, war herausgeklopft, die entsprechende Stelle war völlig glatt. Ich sah dem Gesicht von Daniil Kornejewitsch an, dass ich etwas ganz Besonderes in Händen hielt. Vorsichtig zog ich den Dolch heraus, die Klinge glitt ganz leicht und lautlos aus der Messerscheide, in die der Dolch in vollkommener Weise eingepasst war. Die Augen des Arztes trübten sich, als er sagte: „Nimm den Dolch mit zurück in deine Heimat. Als Zeichen dafür, dass es keinen Krieg mehr geben wird zwischen unseren Ländern. Dieser Dolch hat meiner Mutter das Leben gerettet."

Unglaublich! Ich verstehe bis heute nicht, warum ich nicht nachgefragt habe. Warum habe ich nicht darauf gedrungen, dass er mir seine Geschichte erzählt? Mit zitternden Händen wickelte ich den Dolch wieder ein, der vielleicht durch einen Körper gedrungen war oder auf irgendeine andere Weise das Leben einer Frau gerettet hatte. Aber auf welche Weise? Es kann doch nicht die Mutter gewesen sein, die den Offizier zu Tode gebracht hat. Sie hätte den blutigen Dolch wohl kaum in ihren Händen behalten, sondern ihn weggeworfen und wäre davongelaufen. Und weit wäre sie wohl nicht gekommen. Der Arzt hatte davon gesprochen, dass seine Mutter Jüdin gewesen war. Eine Liebesbeziehung zwischen einer Jüdin und einem SS-Offizier? Natürlich, wer hätte denn sonst das Recht gehabt, über Leben und Tod von Juden in der okkupierten Zone zu befinden? Ach du mein Gott, wenn das vielleicht sogar hier, in Donezk, gewesen ist? Hier waren Offiziere einquartiert. Die Juden hat man erschossen und in den berüchtigten „Schacht 4/4" geworfen. Alle. Alter und Geschlecht spielten keine Rolle. Aber der kleine Daniil und seine Mutter blieben am Leben. Aber wie? Und wenn der Offizier bei der Befreiung von Donezk geflüchtet ist, wie kann er ihr dann diesen besonderen Gegenstand übergeben haben? Unmöglich! Aber wie kam der Dolch wirklich in ihre Hand? Und wie konnte sie ihn behalten? Das war doch gesetzlich streng verboten, man hat doch alles Mögliche bestraft, auch wenn es nichts zu bestrafen gab, umso mehr hätte man so etwas bestraft. Und wer hat im Schutz einer dunklen ukrainischen Nacht das Hakenkreuz herausgeschlagen? Und wo befindet sich dieses Klauengebilde jetzt? Vielleicht gar nicht in Donezk, vielleicht ganz woanders?

Auf keine Frage eine Antwort. Kein einziges meiner Denkmodelle ergab irgendeine Logik. Vielleicht war ja diese ganze Geschichte auch vollkommen unerklärlich und unlogisch. Aber was hat dann eine jüdische Frau dazu gebracht, diese Naziwaffe aufzubewahren und später ihrem erwachsenen Sohn zu übergeben?

Was sollte ich jetzt mit diesem Dolch? Wie sollte ich diesen Dolch nach Deutschland ausführen?

Meine Gedanken waren wirr, und ich ärgerte mich sogar ein bisschen, dass es Daniil Kornejewitsch letztendlich doch gelungen war, mich zu beeindrucken. Ich vergrub den Dolch also ganz tief in meinem Koffer.

„Als Zeichen dafür, dass es keinen Krieg mehr geben wird zwischen unseren Ländern."

Das setzte sich fest.

Anfangs ließ ich den Dolch bei Freunden in Moskau. Sie wurden dadurch zu Mitwissern. Meine Freunde waren ebenso entsetzt wie aufgeregt und begeistert. Sagten erstens, ich sei nicht ganz bei Trost, denn dieser Dolch erfülle alle Voraussetzungen dafür, dass die Ausfuhr streng verboten sei: Er sei antisowjetisch, er sei eine Waffe, er sei aus wertvollem Metall, er sei antik. Zweitens aber ließen sie sich dann mit Begeisterung und offensichtlichem Vergnügen zu wenig gesetzeskonformen Handlungen hinreißen, erfüllten also meine „heilige Mission" und versteckten den Dolch im Bücherschrank hinter riesigen Kunstbänden.

Nach einem halben Jahr ergab sich eine ideale Möglichkeit, die Waffe „in ihre Heimat zurückzubringen", wie es der Doktor ausgedrückt hatte. In unserer kleinen Welt der Ausstellungen, wo sich die Vertreter der Firmen, die Medizintechnik produzieren oder verkaufen, sehr gut kennen, traf ich meinen alten Bekannten Ralf Kirchner wieder, der zur Moskauer Messe mit schwerem Geschütz aufgefahren war: Hammer, künstlichen Gelenken aus Stahl, Gerätschaften für Amputationen und vielen weiteren großen Edelstahlinstrumenten für orthopädische Zwecke. Der Dolch wurde zwischen diesen Instrumenten versteckt und passierte so in ganz unaufgeregter Weise die Grenze. Und Ralf wurde so ebenfalls zum Mitwisser. Allen, die eingeweiht waren, gefiel die Idee des Donezker Doktors: „Als Zeichen dafür …"

Damals wusste ich noch nicht, dass ich den Retter der Bergleute Daniil Kornejewitsch nie mehr wiedersehen würde. Die geheimnisvolle Geschichte seiner Mutter und damit wohl auch seine eigene Geschichte nahm er mit ins Grab.

Der Wehrmachtsdolch liegt jetzt bei mir zu Hause.

Frauenschach (1983)

Anfang der 1980er-Jahre musste ich meinen Lebensunterhalt mit Übersetzungen und Unterricht verdienen. Einer meiner Privatschüler war ein Rechtsanwalt, der in die Sowjetunion reisen wollte, eigentlich nur mit einem einzigen Ziel: etwas zu erleben.

Er bereitete sich sorgfältig vor. Sprachkenntnisse waren Teil seines Plans. Die Reiseroute selbst war wenig aufregend: über Finnland nach Leningrad und von dort aus weiter nach Moskau. Sein Freund Matthias sollte mit ihm reisen.

Beide waren hochgewachsen und von kräftiger Statur, trugen einen Vollbart, und die Haare wuchsen, wie sie wollten. Sie kauften sich einen kleinen gelben Mercedesbus und richteten ihn als Campingbus her. Das touristische Reisen durch die Sowjetunion war damals allerdings keine einfache Sache. Die Reiseroute musste von vornherein genau festgelegt sein, und man durfte auch keinesfalls von dieser Route abweichen. Das rechtzeitige Eintreffen an jeder vorgesehenen Station der Route wurde penibel überwacht.

Die beiden Herren verband eine große Leidenschaft zum königlichen Spiel. Sie waren Mitglied in einem angesehenen Klub, der sogar in der höchsten Deutschen Schachliga spielte. So kam es also, dass Gerhard und Matthias auf die Idee kamen, in Leningrad den berühmten Tschigorin-Schachklub zu besuchen. Sie träumten davon, sich vielleicht mit einem sowjetischen Großmeister messen zu dürfen, auch wenn sie nur starke Amateure waren. Die Vorfreude war jedenfalls riesig. Solch weit gereisten deutschen Schachenthusiasten würde doch niemals der Wunsch nach einem Duell abgeschlagen werden, oder?

Wie immer überlegten Mitja und ich, was wir nach Leningrad mitgeben könnten. Wir nutzten jede Gelegenheit, den Verwandten etwas zukommen zu lassen. Die glänzende Idee kam diesmal von meiner Mutter.

Eines Tages hatte mein Vater einen Nerzmantel für meine Mutter bestellt. Meine Mutter nörgelte herum, sie brauche doch keinen Pelzmantel, sie habe doch schon einen – was der Wahrheit entsprach, dieser Mantel war sogar ausgesprochen schön, ein Persianer mit feiner, hellbrauner Lockung. Mein Vater aber wollte meine Mutter in einem Nerz sehen. Punkt. Schließlich gab sich meine Mutter geschlagen. Als dann der Winter nahte und der Mantel fast fertig war, starb mein Vater. Von diesem Tag an trug meine Mutter immer nur den Nerz, weil es mein Vater so gewollt hatte. Der Persianer dagegen blieb im Schrank. Wir waren nun der Meinung, dass der Persianer ein wunderbares Geschenk für Larissa Fjodorowna, meine Schwiegermutter, sein könnte. Wir schlugen ihn sorgfältig in Papier ein, legten ihn in einen versteckten Stauraum des Campingbusses, und ab ging die Post zur Schwiegermutter nach Leningrad.

Wer hätte ernsthaft daran gezweifelt, dass man unsere verdächtigen, Bart tragenden Hippies im Kleinbus nicht von Kopf bis Fuß filzen würde? Den Pelz hätte der russische Zoll natürlich sofort gefunden. Also beschlich die Russlandreisenden das Gefühl, dass es besser wäre, das gute Stück in der Zolldeklaration doch aufzulisten, was zugleich bedeutete, dass es wieder ausgeführt werden musste. Die Einreise verlief problemlos, und einige Tage später trugen unsere wackeren Reisenden den Pelz, sorgsam auf ihren Armen ausgebreitet, in die dritte Etage eines Wohnhauses am Litejnyj Prospekt, wo Larissa Fjodorowna seit Neuestem wohnte.

Der riesige, festungsartige Gebäudekomplex, in dem mein Mann und seine Eltern zuvor gelebt hatten, sollte grundlegend saniert werden. Ehemalige Gräfinnen, die ihre gesamte Verwandtschaft verloren hatten, waren zusammen mit alten Erinnerungsstücken in andere Gemeinschaftswohnungen gezogen. Familien mit mehr als drei Personen durften sich dagegen Hoffnungen auf „richtige" Wohnungen machen.

Der Abteilung für Wohnungen, dem sogenannten Wohnungskomitee, war aber in dieser Zeit schon bekannt, dass Mitja eine Ausländerin geheiratet hatte und – so durfte man annehmen – wohl bald seine Dokumente für die Ausreise aus der UdSSR einreichen würde. Den dann verbleibenden zwei Personen hätte folglich keine eigene Wohnung mehr zugestanden.

Mitja aber hatte seinen Antrag auf Ausreise hinausgezögert, um die neue Wohnung nicht zu gefährden. So verging einige Zeit. Das „Wohnungskomitee" jedoch machte keine Anstalten, eine neue Bleibe zuzuteilen. In dieser Zeit des passiven Widerstands hatten alle anderen Bewohner diese graue Bastion verlassen, mit Ausnahme von Mitja und seinen Eltern. Man begann, ihnen den Strom abzudrehen. Aber Mitja gab nicht auf. Larissa Fjodorowna saß abends allein in diesem verlassenen Haus bei Kerzenlicht, während Sohn und Ehemann irgendwelchen Geschäften nachgingen. Das Haus war offenbar aufgegeben worden und kam jetzt völlig herunter. Das alles ließ schrecklichste Träume aus der Zeit der Blockade lebendig werden. Mitja musste sich also sputen. Er erkundigte sich, wie viel man wem geben musste, damit die Wölfe satt würden und die Schafe heil blieben. Man forderte fünfhundert Deutsche Mark und eine Musikanlage fürs Auto, also einen Kassettenrecorder mit Boxen.

Fünfhundert Mark war damals für mich eine riesige Summe. Aber wie hätten denn Mitja oder gar seine alten Eltern eine solche Summe beschaffen können … Ich kratzte also alles zusammen und schickte das Geld über einen Bekannten, der damals Zugang zum diplomatischen Postverkehr hatte, nach Leningrad. Eine glückliche Fügung.

Das Ergebnis übertraf alle Erwartungen. Larissa Fjodorowna und ihrem Mann wurde eine wunderschöne, frisch renovierte Zweizimmerwohnung am Litejnyj Prospekt zugewiesen. Mitja dagegen konnte nun in aller Ruhe seine Ausreise zu seinem kapitalistischen Gespons vorbereiten.

Leider starb Mitjas Vater bereits nach wenigen Monaten, unmittelbar nach der Ausreise seines Sohnes nach Deutschland. Larissa Fjodorowna aber verblieb in dieser Pracht am Litejnyj allein. Wenn wir zu ihr zu Besuch kamen und sie meine begeisterten Blicke bemerkte, konnte sie es sich nicht verkneifen, triumphierend zu lächeln und zu sagen:

„Schau nur, schau! So sorgt der Staat für mich. Das ist extra für mich, dafür, dass ich die Blockade überlebt habe, und überhaupt für meine Arbeit. Siehst du? So ist das! Bei euch, ja bei euch gäb's so was nicht!"

Ach so, der Staat … Es hätte die Stunde meines Triumphes werden können. Ich aber hob meinen Kopf, schaute zur Decke, errötete – und schwieg.

Jetzt also, so stellte ich mir das zumindest vor, öffnete Larissa Fjodorowna die Tür und sah Folgendes: Da stehen zwei riesige Männer in der Tür, babbeln irgendetwas in völlig seltsamem Russisch, gestikulieren und wedeln dabei mit einem Pelz herum. Sie denkt an fliegende Händler, schaut auf den Pelz und ruft laut: „Ich bin kein Ingenieur, ich kann mir das nicht leisten" und knallt ihnen die Türe vor der Nase zu. Die Männer aber – klingeln wieder, vorsichtig, aber nachdrücklich. Larissa Fjodorowna greift nach dem Besen und reißt kampfesmutig die Türe wieder auf, die etwas zersaust Dreinschauenden ihrerseits bemühen sich, irgendwie die Codewörter einigermaßen richtig rüberzubringen. Deutschland. Mitja. Schwiegertochter. Der Besenstiel senkt sich.

Nachdem sie die Sache mit dem Pelz erledigt hatten, machten sich die Freunde in Richtung Leningrader Schachklub auf. Wahrscheinlich hatten sie sich diesen Klub so vorgestellt, dass dort die Großmeister, tief in ihre Gedanken versunken, an den Schachbrettern sitzen. Einer wohl berühmter als der andere. Absolute Stille. Nur ab und zu ziehen sie eine Figur und betätigen die Schachuhr. Vielleicht war das normalerweise wirklich so. Aber jetzt war Sommer und Ferienzeit. Die Großmeister saßen wohl auf ihren Schaukelstühlen irgendwo auf ihren Datschen oder spielten ein Turnier auf der Krim. Im Tschigorin-Klub jedenfalls trafen unseren beiden Schachspieler nur auf die Sekretärin, oder war es die Hausmeisterin? Die ältere Dame erklärte ihnen, dass hier niemand sei und schon gar keine Großmeister. „Nein, morgen auch nicht, und übermorgen ist es genauso." Gerhard und Matthias wollten es nicht wahrhaben. Sie wollten partout Schach spielen.

„Oh, oh, oh ... diese Wikinger – so hitzig, diese Armen. Russisch reden haben sie probiert, gut so! Aber jetzt schweigen sie. Und gehen nicht. Völlig verzweifelt, die Guten ... Was soll ich jetzt nur mit denen anfangen! Oje. Nun gut. Dann spiel ich halt mit ihnen eine kleine Partie!"

Gerhard und Matthias drehen sich zur Alten um und staunten nicht schlecht:

„Dawajte, schpilen, schpilen! Schachmatt!"

Die Männer schauten sich an und lachten. Schach gegen eine Frau? Aber dann wurde es ernst. Die Hausmeisterin holte ein Brett, stellte die Figuren auf. Gerhard nahm freiwillig Schwarz. Flott gingen seiner Gegnerin die Züge von der Hand, und wenn sie kurz überlegen musste, dachte sie halblaut und gab ein fröhliches „tuut, tuut, tuut" als Singsang von sich.

Das ging so eine Weile, und dann war die Partie auch schon vorbei. Gerhard musste in hoffnungsloser Position die Waffen strecken.

Die Dame des Hauses legte zufrieden die Figuren zurück in den Kasten und wünschte den beiden Amateuren aus dem Westen eine angenehme Reise.

Sie reisten dann noch eine Woche lang. Gelangten bis Moskau und trafen dort zufällig einen Deutschen aus der BRD. Sie waren jetzt schon buchstäblich weitergekommen und hatten realisiert, in welchem Land sie sich befanden und dass man sie aufmerksam beobachtete. Und dieser Deutsche machte ihnen klar, dass Menschen tagelang festgehalten und an der Ausreise gehindert werden, wenn irgendetwas mit den eingeführten Waren oder Papieren nicht in Ordnung ist.

Der Pelzmantel wurde bei der Einreise deklariert? Und jetzt ist er nicht mehr da? Wohl verkauft oder was?

Den Männern wurde die Situation langsam klar. Verstanden. Auf dem Rückweg wird man Larissa Fjodorowna den Pelz wohl wieder abnehmen müssen.

Wie sie das aber angestellt haben – das konnte später keiner der beiden wirklich vernünftig beschreiben. Es muss ein ziemliches Tohuwabohu an der Tür von Larissa Fjodorowna gewesen sein, und die Erinnerung daran löste Lachkrämpfe aus.

Der Pelz jedenfalls reiste zurück nach Freiburg.

Orpheus in der Unterwelt (2009)

Mein Weg führte mich in einen Leichenkeller.

Eine Treppe aus Stein, die Stufen ausgetreten. Der Leichenkeller befand sich in einem heruntergekommenen Gebäude am Rande der Stadt Naltschik in Kabardino-Balkarien. Es wird kein Leichenhaus auf dieser Welt geben, das schön wäre, egal, wie ordentlich es dort auch aussehen mag. Aber dieses wirkte ausgesprochen hässlich. Ich wusste natürlich, wohin ich ging. Egal, wie man einen Leichnam herrichtet, ob er geschminkt ist oder mit schönen Blumen bedeckt, ein Toter bleibt ein Toter: ein Körper, fremd geworden und nur mehr entfernt an jenen Menschen erinnernd, der er einmal gewesen war, als er noch eine Seele gehabt hatte.

Ich war gekommen, um den Leichnam meiner Freundin abzuholen, von Russland nach Freiburg zu überführen und ihn dort zur letzten Ruhe zu betten. Ich war ihre Arbeitgeberin gewesen. Sie war eine jener Wolgadeutschen, die Stalin nach Sibirien, in den Altai und nach Kasachstan deportiert hatte. Später hatte sich ihre Familie im Kaukasus niedergelassen, und schließlich, bereits als Erwachsene, war sie, dann schon mit Mann und Kindern, von Naltschik nach Freiburg gekommen. Sie hatten immer von ihrer historischen Heimat geträumt wie viele Menschen, die eigentlich seit Generationen russisch sozialisiert sind, sich aber im tiefsten Inneren als Deutsche fühlen.

Es ist sicherlich schwer, wenn man sich dann im Land seiner Vorfahren fremd fühlt. Viele Russen, die in all ihren Papieren den Vermerk „Deutscher" eingetragen hatten, sind nach Deutschland gekommen, um dann festzustellen, wie sehr sie sich als Russen fühlen. In einem Maße, wie sie es in Russland nie sein wollten …

Anna wehrte sich innerlich dagegen, Wehmut hochkommen zu lassen. Sie wollte alle Kräfte bündeln, um sich in Deutschland zu Hause fühlen zu können. Keiner aber breitete hier die Arme zur Begrüßung aus, obwohl sie ja Deutsche war. Das alles war sehr schwer für sie. Aber man merkte ihr das nicht an, denn ihr Lächeln war immer strahlend. Sie war sehr erfinderisch, machte sogar ein Lokal auf. Es war kein Restaurant, sondern eher eine Gaststube, in der unaufhörlich gebacken und gekocht wurde, köstliche Bliny, die berühmten russischen Pfannkuchen, und Wareniki, herrliche Teigtaschen.

Sie sah immer attraktiv aus, immer gut geschminkt, immer sorgfältig maniküt, eine echte russische Frau eben. Aber als ich sie dann in meiner Firma angestellt hatte, erfüllte sie all ihre Pflichten mit der Sorgfalt und Genauigkeit einer Deutschen. Ich schloss für sie eine Reiseversicherung ab – typisch deutsch. Dagegen protestierte sie – typisch russisch.

Meine Firma war zu diesem Zeitpunkt gerade dabei, ein neues Geschäftsfeld zu eröffnen, Implantate für gehörlose Kinder. Diese Technologie war in Russland damals noch weitgehend unbekannt, vor allem in der Provinz, also außerhalb von Moskau und Sankt Petersburg. Wir betreuten kleine und auch größere Kinder auf ihrem so einschneidenden Weg: von der ersten Untersuchung über die Operation bis hin zur Sprachtherapie. Diese Begleitung schloss auch Maßnahmen ein, die weit entfernt von den eigentlich medizinischen waren: Wir suchten nach Sponsoren, das heißt nach Finanzquellen für Operationen, wir hatten meinen Wohltätigkeitfonds zu organisieren, auch Weiterbildungen für Chirurgen und Spezialisten, und wir erreichten sogar – und das sage ich mit gewissem Stolz –, dass die Unterstützung für gehörlose Kinder in die Haushaltsplanung der Region Moskau eingestellt wurde. Aufgrund unserer Bemühungen wurde außerdem eine Gesetzesänderung für die Versorgung aller gehörlosen Kinder im Moskauer Gebiet eingebracht … Unser Betätigungsfeld war also fast grenzenlos.

Ich schlug Anna vor, Repräsentantin unserer Firma in Karbadino-Balkarien zu werden. Das war für sie ein wirkliches Geschenk, denn sie konnte damit ihrer Stadt und ihrer Republik nützlich sein und zugleich ordentlich verdienen! Anna ging mit großem Enthusiasmus an die Arbeit. Ihre Aufgaben bewältigte sie großartig. Ihr ganzes Leben kreiste von nun an um gehörlose Kinder, um geplante Operationen und Sanatorien, um einzelne Kinder, die Zugang zur Welt der Laute erhalten hatten, um dankbare Eltern. Anna flog jetzt regelmäßig von Deutschland nach Russland, sie flog hin und her, beseelt von der Wichtigkeit ihrer Aufgabe und sich deren großer Bedeutung immer bewusst. Sie fühlte sich nun frei, und sie fühlte sich nützlich. Und ihre beiden Heimaten, die sie geradezu gequält hatten, da sie wegen ihrer Unterschiede nicht in Einklang zu bringen waren, diese beiden Heimaten schienen nun ausgesöhnt. Sie standen nicht mehr in Konkurrenz zueinander, sondern bekamen ihren eigenen Sinn, gerade in ihrem Zusammenspiel. Und was sie vereinte, war ganz offensichtlich: Gutes tun.

Und dann, auf einer ganz gewöhnlichen Dienstreise, wurde Anna mitten in Naltschik von einem Auto überfahren. Tödlich. Ich kann mir ziemlich genau vorstellen, wie sie direkt in dieses Auto lief. Hastig, es kann gar nicht anders gewesen sein, ohne nachzudenken, ohne zu schauen. Sie ist ja nie gegangen, sie ist immer zielgerichtet gelaufen, in Gedanken immer bei ihrer Aufgabe, immer im Zeitplan, mit beseeltem Gesicht ...

Die ausgetretenen Stufen mündeten in eine Pfütze im Betonboden, wo aufgeweichte Zigarettenstummel vor sich hinmoderten. Ich ging weiter und gelangte in das Reich der Toten. Kein Korridor, kein Saal, keine Kammer. Einfach ein Eingang in den Keller.

Im Keller war es düster, ein schwaches Lämpchen ließ mich das sehen, wofür ich gekommen war. Das Tageslicht, das durch die Türe drang – die Türe hatte ich vorausschauend offen stehen lassen – begleitete mich noch etwa vier Schritte weit. Der nackte, unbedeckte Körper lag auf einem schmalen Tisch aus Metall, das Gesicht auf mich gerichtet. Ich stand lange, blickte sie an. Anna, Anna ... Ich sagte irgendetwas mit einer Stimme, die mir völlig fremd war. Die Worte hallten von den gelblichen gekachelten Wänden zurück. Plötzlich, von irgendwoher, aus einem dunklen Eck, eine Antwort: „Sie hätten uns vorwarnen können!" Eine Frau mittleren Alters kam angeschlurft, mit einem Kittel bekleidet. Mit geübter Geste warf sie ein Leintuch über den Tisch, es bedeckte den toten Körper wie mit weißen Flügeln. Ich trat zurück in Richtung Türe, warf nochmals einen Blick zurück und machte mich davon. Nach oben.

Die Sonne schnitt in die Augen. Die blaue Bergluft drang hart in meine Brust. Dort, im Kaukasus, ist die Luft eine ganz besondere. Sie flirrt, vibriert, glimmert.

Der Herbst ging seinem Ende zu. Die Totenfeier war profan, offiziell, steif. Unter blauem Himmel in fast unangenehmer Helligkeit standen Menschen, schwarz gekleidet, Beamte, Verwandte von Verwandten, alle bleich und krank aussehend, jeder für sich, ganz so, als kämen auch sie von dort, aus diesem Reich der Toten. Und auch ich stand ganz für mich allein. Meine Aufgabe war es, für alles zu bezahlen. Ihre Aufgabe war es zu trauern. Niemand kam auf die Idee, mir sein Mitgefühl zu zeigen oder gar auszusprechen. So, als ob ich nicht trauern dürfe um Anna, als ob ich nur alles organisieren dürfe. Abwickeln. Es war quälend.

Niemand außer mir hatte diesen lieblos hingeworfenen Körper gesehen.

Zurück flogen wir gemeinsam. Ich hatte mich länger in Moskau aufgehalten. Zum einen wegen meiner Firma, vor allem aber in der Angelegenheit „Überführung eines Leichnams entsprechend den europäischen Standards von Särgen". Ich wusste natürlich nicht, mit welchem Flugzeug der Leichnam seine Reise nach Frankfurt antreten würde. Später stellte sich dann heraus: Wir waren wieder gemeinsam geflogen. Anna, Anna …

Ausgerechnet jetzt, wo alles sich so gut entwickelt, das Projekt real wird, deine Tätigkeit ihre Erfüllung findet – und jetzt dieses „in Ausübung der dienstlichen Pflichten" …

Verzeih mir. Verzeih.

Mein goldenes Moskau
(1990er-Jahre)

Als sich Mitja davonmachte, und zwar für immer, fanden alle meine seelischen Qualen ihr Ende. Ich verließ sozusagen die Zone der Turbulenzen, die immerhin neun Jahre gedauert hatte.

Die Trennung von meinem russischen Ehemann bedeutete aber keinesfalls einen Abschied von Russland. Ganz im Gegenteil, ich wollte alles in Erinnerung behalten. Und ich fuhr weiter dorthin, immer wieder ... Wie ein Mensch, der Extremsport betreibt, gierte ich nach Herausforderungen, nach den eisigen, blauen, raureifbehafteten Empfindungen, die den Aufenthalt in Russland immer aufregend machten.

Ich fuhr mit Freunden nach Leningrad, nach Moskau, ich arbeitete für deutsche Medizingerätehersteller und bald für mein erstes eigenes Unternehmen. Ich knüpfte Beziehungen und lernte wichtige Menschen kennen. Die russischen Menschen zeigten mir gegenüber immer Interesse und Herzlichkeit. Mag sein, dass ihr Interesse einfach dadurch zu erklären war, dass durch mich die andere, fremde, nicht mehr verbotene Welt des Westens zugänglich wurde. Die russische Großherzigkeit schien mir als ein Geschenk nach allem, was zwischen unseren Ländern geschehen war.

Es gab einen einzigen Menschen, der mich als ein Geschöpf aus einem feindlichen Lager behandelte, als eine Nachfahrin des faschistischen Regimes, als Missgeburt des ausbeutenden Kapitalismus – und dieser Mensch war Larissa Fjodorowna, meine Schwiegermutter. Aber sie gehörte jetzt nicht mehr zu meinem Leben.

Einmal, da war Leningrad schon wieder Sankt Petersburg geworden, traf ich mich mit jenen Freunden, die ich durch Mitja kennengelernt hatte. Sie erzählten mir, dass er sich erst wenige Wochen vor unserer Hochzeit habe scheiden lassen. Ach, was für eine Überraschung. Und dass ich seine dritte Ehefrau gewesen war. Sehr prickelnd. Und dass er jetzt wieder mit einer neuen Frau glücklich lebe. Nun, es sei ihm gegönnt. Das hätten sie mir vielleicht auch etwas früher erzählen können. Aber auch das gehörte jetzt nicht mehr zu meinem Leben.

Im letzten Jahrzehnt des zwanzigsten Jahrhunderts hob sich für die Russen der Eiserne Vorhang. Es begann eine neue Zeit, in der sich auch für mich mit meinen Ideen und Ambitionen ein Platz fand. Mein erstes Unternehmen war nicht nur das erste für mich selbst, sondern es war eines der ersten deutsch-russischen Gemeinschaftsunternehmen. Das klingt etwas dick aufgetragen – aber es war genau so. Der Unternehmenszweck hieß „Verkauf und Service von kardiologischen und kardiochirurgischen Geräten".

Die ausländischen Firmen griffen die stürmischen Veränderungen im Land auf; jetzt wurde diesen Firmen ja gestattet, ihre Waren auf Messen zu präsentieren und Niederlassungen in großen Städten zu eröffnen. Eine sehr solide deutsche Firma, die medizinische Geräte herstellte und die ich auf Messen als Dolmetscherin begleitete, war früher einmal mein Arbeitgeber gewesen. Drei Jahre hatte ich bei ihr gearbeitet und sehr viel in dieser Zeit gelernt, bevor ich kündigte. Ich hatte begriffen, dass mein Platz nicht hinter einem Schreibtisch mit vielen Papieren sein sollte, sondern irgendwo inmitten von Menschen, im Trubel der Geschäftstätigkeit.

Wenn ich mit Ärzten sprach, die aus allen Ecken dieses riesigen Landes zu den ersten Medizinmessen anreisten, wenn ich ihre leuchtenden Augen sah, fühlte ich, was sie wirklich in diesem Moment brauchten: kein Label, sondern einen lebendigen Menschen, der dieses Label vertritt, keine geheimnisvollen Unterlagen, aus denen Menschen auf einer abstrakten Leitungsebene den Kliniken ihre Ausrüstung zuteilen, sondern ein kompetentes Gespräch mit einem Spezialisten, der genau weiß, was gebraucht wird, und zwar in einem direkten Gespräch. Ich sprach mit der Geschäftsleitung des internationalen Unternehmens in Freiburg und wollte sie von der Notwendigkeit überzeugen, eine Repräsentanz in Moskau zu eröffnen. Aber sie zögerten. Sie meinten, dass die Sowjetunion unaufhaltsam auf den Abgrund zusteuere und dass sich das Land nicht von einer Stunde zur anderen verändern werde. Sie meinten, dass – selbst wenn alle alten Probleme Stück für Stück langsam gelöst würden – doch wieder neue auftauchen würden, unbekannte, von denen noch niemand ahne, wie man damit zurechtkommen sollte. „Aber ich kann mir vorstellen, wie es gehen kann, ich weiß, wie man das lösen kann! Geben Sie mir bitte das Recht, Ihren Namen zu tragen, ich werde den russischen Markt alleine und selbstständig für Sie erschließen!" – „Selbstständig?" – „Ja!" – „Nun gut, dann machen Sie!"

Man möchte nun glauben, dass solch wichtige Dinge nicht mit einem solchen Dialog beginnen. Aber es war wirklich ungefähr so. Mag sein, dass ich die ungeheuren organisatorischen Herausforderungen und Risiken unterschätzte, die fortan auf meinen Kopf niederprasseln würden, den ich so kühn in die Höhe gestreckt hatte. Mag sein, dass ich einfach nicht wusste, dass es so nicht gehen konnte. Aber ich hatte das Gefühl, dass alles gut werden würde. Nichts ließ mich zögern. Ich hatte den Eindruck, vor den weit geöffneten Türen einer riesigen Welt zu stehen. Und diese Welt lächelte mir entgegen.

Von drei Freunden lieh ich mir eine riesige Summe, vierzigtausend D-Mark, und kühn und optimistisch eröffnete ich mein eigenes Büro in Moskau.

In Russland funktioniert alles nur auf der Basis menschlicher Beziehungen. Die Fähigkeit, jene Menschen zu finden, die du unbedingt brauchst, und diese Menschen zugleich auch als Freunde zu sehen – das ist wahrscheinlich das Wichtigste. Es ist durchaus möglich, dass eine solche Freundschaft große Überraschungen birgt, aber wenn du nicht bereit bist, eine persönliche Beziehung einzugehen, brauchst du auf den Erfolg deines Unternehmens in Russland nicht zu hoffen. Zuerst kommen die menschlichen Beziehungen – und dann das Geschäft. Bei uns in Deutschland gibt es das in dieser Form nicht: Das Geschäft basiert auf gegenseitigem Interesse, und wer wessen Freund ist, ist vielleicht nicht die letzte Frage, aber sie tritt doch zurück vor der Notwendigkeit, sich vertraglich abzusichern. Das ist ungefähr so, als ob man zuerst einen Ehevertrag abschließen würde, ehe man über Liebe spricht. In Russland ist es aber genau andersherum. Es kann sogar sein, dass man Leute kennenlernt, sich mit ihnen unterhält, und noch bevor man es überhaupt geschafft hat, seine Produkte vorzustellen, wird man schon auf die Datscha oder zu einem Konzert eingeladen – und das kann dann zur Basis zukünftiger Geschäftsbeziehungen werden, zur eigentlichen Garantie. Nur auf der Grundlage des zu dir gefassten Vertrauens, nur dann, wenn du selbst wichtiger als dein Produkt bist, kann der Alltag der Geschäftsbeziehungen beginnen.

Aber: Wenn die Anfänge gelegt, Kontakte aufgebaut, alle miteinander zufrieden sind – wie geht es dann weiter? Ich liebte es, mich mit verschiedenen Menschen zu unterhalten, Projekte an Land zu ziehen, Ideen zu entwickeln … Aber einfach zu behaupten: „Kauf meine Seife, sie ist die beste!", war nicht meine Art, obwohl es tatsächlich keine bessere Seife auf der ganzen Welt gab als die meine. Mein Anspruch an Qualität war immer schon sehr hoch, und die deutsche Qualität wurde von den Russen ohnehin seit jeher geschätzt. Und so glaubte man mir, dass das, was ich verkaufte, von bester Qualität war, aber das war nicht genug. Es war noch ein anderes Talent gefragt, und zwar ein schlichtes Verkaufstalent. Ich brauchte also einen guten Verkäufer, der über ein solches Talent verfügte, und zwar in Moskau, am anderen Ende des gemeinsamen Unternehmens. Und so fiel meine Wahl, ohne dass ich lange überlegt hätte, auf Edik, einen jungen Ingenieur aus dem Servicebereich, der in der Lage war, zu jedermann Beziehungen aufzubauen und jedem alles zu verkaufen, wobei er zugleich ein wirklich guter Ingenieur war. Ich schlug ihm vor, mein Geschäftspartner zu werden.

Natürlich war er sofort einverstanden. War begeistert. Geld hatte er natürlich keines, und deshalb betrachtete er alle meine Investitionen in „seinen" Teil der Firma als notwendig, ja selbstverständlich. Und ich war froh, einen russischen Geschäftspartner zu haben.

Moskau! Schon der Name klingt ganz anders als Sankt Petersburg. Und Moskau ist etwas völlig anderes als Sankt Petersburg. Realer, natürlicher. Sankt Petersburg ist nach Plan gebaut, während Moskau über Jahrhunderte hinweg entstanden ist, sich sozusagen entwickelt hat. Moskau kann sich wie ein ungezogenes Schmuddelkind geben oder aber wie eine Zarin. In dem Moment, in dem sich dein Herz gerade an der bescheidenen Schönheit seiner Gassen erfreut, schlägt dir eine unendlich große Wüste aus Beton und Glas direkt ins Gesicht.

Moskau wird dich erschöpfen, solange du zu Fuß von einer Sehenswürdigkeit zur anderen eilst. Apropos, du kannst dich natürlich auch in die Metro begeben, in dieses einzigartige Museum von Mosaiken, Lüstern und Skulpturen, wo der Geruch ganz eigen ist, der Geruch der Moskauer Metro eben. Ich bin mir ziemlich sicher, dass ich diesen Geruch von allen anderen U-Bahnen unterscheiden könnte. Du bist die Eingangsschranken nicht gewohnt, die dir blaue Flecken in deine Beine hauen, die Fahrt ist schrecklich, weil die Tunnel viel zu eng gebaut sind, die Geschwindigkeit viel zu hoch … Mit einem Wort, ich nehme besser ein Taxi. Aber Anfang der 1990er-Jahre gab es immer weniger und weniger normale Taxis, sie wurden durch Privatautos ersetzt, mit denen zu fahren nicht ungefährlich war. Einmal fuhr ich mit einem ramponierten Wolga, in dem geradezu verzweifelt ein rotes Lämpchen blinkte: Kann sein, dass der Wagen Öl verliert, kann sein, dass irgendein wichtiges Teil gerade wegfliegt … Der Fahrer, der offenbar die Passagiere nicht beunruhigen wollte, klebte einfach ein Pflaster über die flackernde Lampe. Aber diese Lampe war hartnäckig, leuchtete weiter durch das Pflaster hindurch wie ein Furunkel …

Und dann kam der Tag, als wir gemeinsam mit Edik in einem Notariat den Gesellschaftsvertrag unserer Firma unterschreiben sollten. Das Dokument wurde auf einem Nadeldrucker ausgedruckt, der vor sich hinquietschte. Es war ein ganz besonderer Moment, denn mit diesem Papier wurde mein Recht, mit Russland Handelsbeziehungen zu unterhalten, offiziell besiegelt. Nach all den vielen Hindernissen, Verschleppungen und Lösungen von Hunderten bürokratischen Fragen hatte ich nun das Glück, der Gründung meiner Firma regelrecht zusehen zu können. Und da kriecht nun dieses entscheidende Papier ganz langsam aus dem Drucker ... langsam ... und es ist irgendwie nur weiß. Aber niemand zeigt irgendeine Reaktion. Außer mir natürlich. Der Drucker quietscht, ächzt vor Anstrengung, und die Papiere kommen heraus, eines nach dem anderen und – alle weiß! So ungefähr wie der Albtraum eines Sängers, der die Bühne betritt, und dort ist einfach – nichts, kein Flügel, kein Begleiter, aber der Saal rappelvoll, und das Publikum applaudiert erwartungsvoll.

Ich bin immer wieder vom schöpferischen Erfindungsgeist der Russen beeindruckt, von der Cleverness, die kaltblütig gegen jegliche Logik eingesetzt wird, um einen Ausweg aus einer schwierigen Situation zu finden. Aber manchmal erschrecken mich ihre Handlungen doch ziemlich. In diesem Fall hatten sie einfach kein Farbband, nichts Besonderes, es waren ja die schweren Jahre des „Defizits", der Mangelwirtschaft also. Aber das Problem bestand nicht darin, dass kein Geld vorhanden war, sondern vielmehr, dass man nichts dafür kaufen konnte. So ein Farbband ist ja wirklich nichts Besonderes. Aber da es keines gab, legte man einfach zwischen weiße Blätter dünnes Kohlepapier. So drückte sich die Schrift jeweils auf die unten liegende Seite durch, und da es sich um mehrere Seiten handelte, wurde das Schriftbild immer unlesbarer. Ich behaupte, dass einem Deutschen so etwas überhaupt nicht in den Sinn gekommen wäre. Ein Deutscher hätte eben darauf gewartet, bis ein Farbband gebracht würde. Und wenn man schon in eine solche Situation gekommen wäre, wenn man gezwungen wäre, Dokumente in einer solch ungewöhnlichen und unzulänglichen Form zu drucken, so würde ein Deutscher wenigstens eine Erklärung abgeben und sich tausendmal entschuldigen. Aber hier – fand es niemand notwendig, nur ein Wort zu sagen, man fand das offenbar ganz normal.

Der Gesellschaftsvertrag, dieses überaus wichtige Dokument, das wir unterschrieben hatten und das mit einem schönen Staatssiegel versehen worden war, sah letztendlich aus wie die verwaschene Kopie einer Kopie ...

Mein erstes Büro (ein ehemaliges Arztzimmer von zwölf Quadratmetern plus einem Appendix mit Waschbecken) befand sich im Moskauer Wischnewskij-Institut, also einer großen chirurgischen Klinik, auf der Etage der Brandverletztenabteilung. Nicht unbedingt das, was ich mir vorgestellt hatte. Alle Möbel für unser Büro (und nicht nur Möbel, einfach alles!) kaufte ich eigenhändig. In Moskau ging es Anfang der 1990er Jahre drunter und drüber. Die Geschäfte waren völlig leer, aber überall waren improvisierte Märkte aufgetaucht, kleine Zelte und Kioske, wo man Wurst ebenso kaufen konnte wie Stühle, Strümpfe und Sanitärtechnik. Und daher stammte dann auch mein Büro: einfach von der Straße.

Moskau litt damals unter einem allergischen Schock aufgrund der Entwicklungen, die plötzlich auf diese Stadt einprasselten, auf sie als Erste, weil sie am bedeutendsten war. Es tauchten auf einmal Geschäfte mit ausländischen Schildern auf, Modeboutiquen großer Häuser ... Schön beleuchtet, glänzten sie durch kristallklare Auslagescheiben, und es war zu erkennen, dass sich drinnen rein gar niemand aufhielt außer einer gelangweilten Verkäuferin und einem Wachmann. Und dann tauchten, übrigens mit den gleichen Problemen, ausländische Restaurants auf, an den strategisch besten Stellen und Straßen der Stadt. Sie vertrieben die bisherigen Pelmeni-Buden, Bäckereien oder Lebensmittelläden – und blieben weitestgehend leer, nur bei McDonald's gab es eine aberwitzige Schlange, die sich wie ein Gürtel um den Puschkin-Platz legte. Dort konnte man gut vier Stunden verbringen und einen billigen Hamburger wählen: Auf diese Weise war auch ein Habenichts in der Lage, von der amerikanischen Kultur zu kosten ... Und die Kirchen, damals noch nicht restauriert, läuteten mutig und fordernd ...

Und jetzt also die Brandverletztenabteilung ... Wir hatten eine Toilette gemeinsam (genauer gesagt: Mein Büro hatte keine eigene). Ich fürchtete mich immer wieder von Neuem, dorthin zu gehen. Und zwar deshalb, weil diese Toilette zugleich der Treffpunkt von jungen Mädchen war, Patientinnen aus Usbekistan. Sie standen in Gruppen zusammen, rauchten, redeten, lachten. Sie hatten zarte, hochgewachsene Körper, ihre Bewegungen waren höchst graziös, aber ihr Gesicht und ihre Hände waren auf schrecklichste Weise entstellt. Sie hatten sich mit Benzin übergossen und angezündet, um einer Zwangsehe und auch der Zwangsverschleierung zu entgehen und damit einer Knechtschaft, die ihnen schlimmer schien als jeglicher Schmerz und physische Entstellung, schlimmer selbst als der Schrecken, bei lebendigem Leibe zu verbrennen. Sie hatten selbst wohl kaum mit ihrem Überleben gerechnet, denn nach ihrer Genesung würde man sie schnellstens wieder zurückverfrachten. Und sie konnten von Glück sprechen, wenn man sie zu ihrer Mutter brachte und nicht zum Ehemann oder zur Schwiegermutter, denen sie sich blind zu unterwerfen hatten bis zum Ende ihrer Tage.

Moskau – was für Eindrücke! Jeder Tag brachte neue Erkenntnisse, die mir vor allem vermittelten, dass ich das Leben mit jedem Tag weniger verstand. Aber zugleich wuchs das Bewusstsein dafür, dass ich mich an einem für mich richtigen Platz befand. Moskau im goldenen September, Moskau in grauen Mänteln im grauen Nebel, Moskau im tausendfachen Glitzer der Reifnächte, verrücktes Moskau …

Schon im ersten Halbjahr konnte ich alle Schulden zurückzahlen, die ich aufgenommen hatte, als ich mich Hals über Kopf in das Geschäft gestürzt hatte.

Silicon Valley (1988)

Eine amerikanische Firma, die Linearbeschleuniger herstellt – teure, riesige Geräte für die Bestrahlung von bösartigen Tumoren –, lud Ingenieure und Physiker aus ganz Europa zu einer dreiwöchigen Schulung ein. Dorthin, genauer nach Kalifornien, wurde auch der zuständige Physiker aus der Kreml-Klinik entsandt. Er verstand kein Wort Englisch, weshalb man mich bat, ihn zu begleiten. In dieser Zeit arbeitete ich für internationale Firmen aus dem Medizinbereich als begleitende Dolmetscherin für mehrere Sprachen.

Ich war überzeugt davon, dass ich Amerika kennte und verstünde, obwohl ich niemals dort gewesen war. Ich rauchte amerikanische Zigaretten, war Fan von Jimi Hendrix, sprach fließend Englisch. Nur die Fragen im Visaantrag irritierten mich, da ging es um psychische Erkrankungen und Drogenkonsum. Aber ich war unerschrocken, kannte ich doch schon die Sowjetunion und das kommunistische System und fühlte mich daher als eine Art Spezialistin, natürlich vor allem für das Russische. Ich kannte russische Lieder nicht nur von den Dozenten an einer deutschen Universität, sondern von den Russen selbst. Ich verstand es, Wodka zu trinken. Ich liebte nicht das virtuelle, sondern das real existierende Russland und fürchtete es nicht mehr wie früher. Ich zweifelte nicht an meiner Kompetenz, nichts leichter als das, einen armen russischen Tropf nach Amerika zu begleiten. Also holte ich meine Jeans aus dem Kleiderschrank und flog in „mein Amerika".

Am John F. Kennedy Airport angekommen, brauchte ich anderthalb Stunden zu einem anderen Terminal, an dem mein Kreml-Physiker ankommen sollte. Ich weiß nicht mehr genau, warum ich dann eigentlich drei Stunden in einer riesigen Menge von Menschen stand und dabei immer eine Plastiktüte hochhielt, auf dem der Name der Firma stand, die diese Linearbeschleuniger herstellte. Aber schließlich fanden der Physiker und ich zusammen. Mit seinem langen, bleichen Gesicht und seinen rötlichen Haaren erinnerte er eher an einen Menschen aus dem nebligen England und weniger an einen russischen Physiker. Sein Äußeres wirkte älter, als er eigentlich war, sein Blick war irgendwie glasig (wobei seine Brille diesen Effekt verstärkte): halb erschreckt, halb müde nach dem zehnstündigen Flug. Klar war auch, dass er während der Reise keinen Tropfen Alkohol zu sich genommen hatte, womöglich aus Angst, seine Wachsamkeit zu verlieren. Aber dennoch wirkte er sehr verloren. Wir hatten es äußerst eilig zum Flugzeug nach San Francisco, deshalb verlief unser Kennenlernen kurz und knapp ohne Höflichkeitsformeln. Wir griffen schnell nach unseren Koffern (er hatte einen kleinen, ich einen großen) und hetzten in die Richtung, die ich vorgab.

Als wir fünf Stunden später in San Francisco landeten, waren wir wegen der sehr großen Zeitverschiebung total erschöpft. Zwei Stunden lang suchten wir das Auto, das ich reserviert hatte. Es erwies sich als ein neuer Ford. Valerij wollte selbst fahren, hatte aber keine Berechtigung dafür. Und so setzte ich mich hinters Steuer. Die Gurte ließen sich irgendwie nicht befestigen, wurden beim Herausziehen immer länger und ließen sich nicht zurückspulen, verhedderten sich trotz unserer Anstrengungen herauszufinden, woran es liegen könnte. Der Physiker entschied, dass das Ding kaputt war, wollte das Problem irgendwie lösen und zog sogar einen Schraubenzieher aus seiner Aktentasche, aber ich beschwor ihn, nichts anzurühren, und er gab, wenn auch protestierend, nach. Der neue Ford aber gab die ganze Zeit ein lautes Fiepen von sich „iii-diii-oo-teen", und wir saßen da, erschlagen von unserer Übermüdung und unsere völlige Hilflosigkeit erkennend: eine Provinzlerin aus dem Schwarzwald und ein sowjetischer Physiker.

Schließlich gab ich auf und entschloss mich, einfach loszufahren, gab also Gas. Und plötzlich schossen die Gurte mit einem trockenen Schnalzer zurück und pressten uns wie eine Würgeschlange in die Sitze! Wir konnten darüber nicht einmal mehr lachen, sondern stöhnten nur auf: „Oho …“, jagten in völliger Finsternis durch das Silicon Valley.

Die kleine Stadt lag etwa eine Stunde Fahrzeit von San Francisco entfernt. Das Hotel war ein unscheinbares zweistöckiges Gebäude, aber hinter den Glastüren verbargen sich angenehme Überraschungen: In einer eleganten Halle, von der teppichbedeckte Treppen in Halbkreisen nach oben führten, um sich dort in einer Galerie wieder zu vereinen, stand ein weißes Klavier. Mein Zimmer bestand aus einem Wohnzimmer, einem Schlafzimmer, einer Küche (mit Mikrowelle, Wunder der Technik!), einer Garderobe und einem Badezimmer – und alles für mich allein! Ich streckte mich auf dem wunderbaren Doppelbett aus und entschlummerte für wenige Stunden in dieses Amerika.

Beim Frühstück wunderte ich mich zunächst darüber, dass mein Physiker nicht so aussah, als hätte er sich erholt oder würde sich gar auf seine neue interessante Arbeit freuen. Ganz und gar nicht, sein Blick jedenfalls war unverändert, die Blässe im Gesicht nicht gewichen, mehr noch: Er wirkte noch distanzierter und verhaltener.

„Nun, konnten Sie schlafen?“

„Ja“, kam seine kurze Antwort, und ich begann, noch immer tief beeindruckt von dem Luxus in diesem Hotel, vom Zimmer zu schwärmen. Aber er sagte plötzlich und völlig gleichgültig:

„Nichts Besonderes. Habe nichts anderes erwartet.“

Nichts anderes erwartet! Und das sagt ein Mensch, der vermutlich mit seiner Mutter in einer winzigen Zweizimmerwohnung in einer Chruschtschowka lebt, diesen billig hochgezogenen Bauten ohne Lift und sonstige Annehmlichkeiten. Aber natürlich, alles klar, er arbeitet in der Kreml-Klinik, man hat ihm wohl eingetrichtert, wohin er reist und was er zu sagen hat. Hat ihn vorbereitet auf diese Reise: sich nicht mit Amerikanern anfreunden, keine Einladungen nach Hause annehmen, keine Begeisterung zeigen.

Diese Art von Menschen hatte ich schon früher getroffen: Um ihre Unkenntnis zu verbergen, wundern sie sich über nichts und zeigen keinerlei Freude. Ich verstand sofort, dass unser weiterer Umgang wohl von diesem „War zu erwarten" bestimmt und damit unglaublich langweilig werden würde, aber immerhin konnte ich jetzt mit Begeisterung mein Frühstück genießen. Es fehlte an nichts: Rührei mit Speck, Würstchen, Bohnen, Pfannkuchen, Früchte, frische Säfte und Kaffee bis zum Abwinken. In Deutschland dagegen gab es damals üblicherweise Kaffee mit einem Brötchen, dieses mit Käse oder Wurst belegt und zwingend Marmelade. Das war alles. Es stellte sich dann heraus, dass dieses famose amerikanische Frühstück fünfundzwanzig Dollar kostete, und das war mehr als unser gesamtes Tagesgeld. Ich regte mich darüber auf, aber Valerij hatte das „schon gewusst". Die weiteren Tage frühstückten wir nicht mehr im Hotel.

Die Arbeit begann. Synchronübersetzung spezieller Texte von morgens um acht bis abends um fünf vom Englischen ins Russische. Ein einziger Albtraum. Ein Drittel der Teilnehmer kam aus Europa: Spanien, Irland, England, Italien … Die Alte Welt also. Die Mehrzahl der Physiker aber kam aus Amerika. Weder während des Unterrichts noch außerhalb freundete sich jemand mit einem anderen an. Lustlos versuchte die Alte Welt zusammenzurücken, aber ohne Erfolg. So wie die Amerikaner auch setzte sich am Ende eines Tages jeder in sein Auto, und zwar allein, und fuhr davon. Nur der sowjetische Physiker und ich fuhren zu zweit, aber niemand interessierte sich dafür, warum das so war, ob wir Kollegen, Geliebte oder Mann und Frau waren – völlig egal. In Russland wäre man in einer solchen Situation ausgefragt worden, man hätte sich bekannt gemacht, angefreundet, die Abende miteinander verbracht, man hätte getrunken und Lieder gesungen … Aber hier kann man nicht einmal spazieren gehen: rundherum technische Anlagen, Büros. Niedrige, eintönige Gebäude. Und man kann tatsächlich auch nicht zu Fuß gehen: Es gibt nur Highways, geh da mal entlang, wenn du Spaß daran hast. Da werden Menschen in ihren Autos abbremsen und fragen, was mit deinem Fahrzeug passiert ist und wo es steht. Und im Fernsehen liefen auf sechsunddreißig Kanälen (wir hatten damals in Deutschland nur drei) Horrorfilme, weil Halloween bevorstand.

Mein Physiker brannte für die Idee, sich einen Computer zu kaufen, aß nicht, trank nicht, sparte seine Tagesgelder: Nach den Schulungen verbrachten wir unsere Zeit bis zum Geschäftsschluss in Elektronikläden, ich übersetzte ihm alles, und er zeigte nach wie vor mit allen Kräften, dass ihn nichts verwunderte. Anschließend zog er sich dann mit den Hochglanzunterlagen aus den Computerläden in sein Hotelzimmer zurück.

Am vierten oder fünften Tag machte der Physiker während der Schulung eine ungeduldige Handbewegung in meine Richtung. Einmal. Noch einmal. Ich nahm das als Zeichen, ich sollte langsamer übersetzen, was aber unmöglich war. Dann aber verstand ich, dass ich ihn schlicht störte. Ich flüsterte ihm zu: „Brauchst du die Übersetzung überhaupt?", worauf ein „Nein, auch so alles klar" kam. Er deutete auf die Formeln, die er in sein Heft geschrieben hatte. So ist das also. Mit den Formeln brauchte er kein Englisch mehr, und damit war auch ich entbehrlich. Wunderbar. Wenn er allerdings um fünf Uhr morgens ein Bügeleisen brauchte, rief er mich an. Mit großer Selbstverständlichkeit.

Ich war noch nie in meinem Leben so einsam.

Unentwegt wurde ich gefragt „How are you?", aber eine Antwort war einfach nicht nötig. Aber sobald ich den Telefonhörer im Hotelzimmer abnahm, brachte man mir alles, was ich mir wünschte. Auf der Stelle. In jedem Zimmer stand ein dienstbares Telefon, sogar im Badezimmer.

Heimweh. Die Zeit zog sich hin wie Kaugummi, und ich wollte nur noch eines – nach Hause. In Russland hatte ich nie diese Sehnsucht empfunden, aber hier hatte ich auf einmal nur mehr das Bedürfnis, mit Zuhause zu telefonieren. Einmal schlief ich aus Versehen ein, nachdem ich gesprochen hatte, und legte daher den Hörer nicht mehr auf die Gabel zurück, sondern auf meine Zudecke, vor lauter Müdigkeit und wohl auch Traurigkeit.

An den Abenden stand ich meistens auf der Galerie der zweiten Etage und beobachtete bei romantischer Musik den Lauf der Tasten. Es war ein mechanisches Klavier.

Eines Tages aber kam ein Amerikaner aus der Schulungsgruppe auf mich zu und schlug mir ein gemeinsames Abendessen vor.

Endlich! Ich ließ mit großer Freude meinen russischen Physiker zurück und fuhr mit dem Amerikaner in ein chinesisches Restaurant. Der Amerikaner war noch ziemlich jung, aber schon dick, watschelte wie ein Pinguin, das karierte Hemd in die Hose gesteckt. Beim Abendessen unterhielt er mich mit Offenbarungen darüber, unter welch gemeinen Umständen ihn seine Frau verlassen habe: Im Wissen darüber, dass er für drei Wochen auf Dienstreise sei, habe sie bei der automatischen Zeitauskunft in Neuseeland angerufen und den Hörer neben den Telefonapparat gelegt. Und sei dann abgerauscht. Für immer. Jetzt solle er sechzigtausend Dollar bezahlen, und die Schlampe sei auch weg! Ob das alles wahr war oder gelogen, egal, jedenfalls haben wir einen netten Abend verbracht und lange geplaudert, während wir durch die Straßen von San Francisco spazierten.

Ich dachte, na endlich, wenn auch nach einer gefühlten Ewigkeit, endlich hatte sich eine Bekanntschaft ergeben! Aber ich sollte mich täuschen ...

Am nächsten Tag war Halloween, und als der dicke Amerikaner zur Schulung in einem Skelettkostüm erschien (und Valerij so tat, als ob in der Sowjetunion Skelette zuhauf in Vorlesungen säßen), ignorierte er mich, und ich dachte, dass dies zur Maske gehöre. Aber auch in den folgenden Tagen gab sich der Amerikaner so, als ob gar nichts geschehen wäre. Natürlich war nichts passiert, schon gar nicht zwischen uns, aber verhält man sich so? Oder sind so ein gemeinsames Abendessen und eine lange Unterhaltung so etwas wie eine Fernsehsendung, die man nach einem harten Arbeitstag mit halbem Auge sieht, dabei einen Whisky schlürft und die Sendung sofort und auf immer vergisst?

Warum hat sich alles so entwickelt, dass ich Amerika fortan nicht mehr als „mein" Amerika sehen konnte? Vielleicht wäre auch alles anders gekommen, wenn bei dieser Schulung nicht Physiker, sondern Künstler gewesen wären?

Aber zum Schluss warteten dann doch noch Überraschungen auf mich.

Erstens kostete mich mein kleinmütiges Heimweh nach Freiburg, das mich noch dazu eine ganze Nacht im Telefonhörer angeschwiegen hatte, 800 Dollar und damit ziemlich genau die Hälfte meines Honorars.

Und zweitens – etwas Großartiges! Nachdem ich den dreiwöchigen Kurs mitgemacht hatte, händigte man mir gemeinsam mit den Physikern tatsächlich ein Zertifikat aus, das meine Kenntnisse bescheinigte und mir zugleich das Recht verlieh, Linearbeschleuniger zu bedienen. Applaus bitte!

Zwetajewa.
Letzte Begegnungen (1992)

Ich fuhr zu der Adresse, wie sie auf dem Zettel notiert war: Bolscha-ja-Spasskaja-Straße, Haus Nummer 8, Wohnung Nummer ... weiß ich nicht mehr, stieg in einen quietschenden eisernen Lift mit einer Doppeltüre, fuhr los – und blieb stehen, genau zwischen zwei Stockwerken, und dann ging es ein halbes Stockwerk nach oben oder nach unten. Ich drückte etwas aufgeregt auf die Klingel zur Wohnung von Anastasija Zwetajewa, der Schwester der Lyrikerin Marina Zwetajewa.

Die Türe öffnete sich, und vor mir stand eine kleine, sehr schmale alte Frau, so zart und zerbrechlich, dass ich das Bedürfnis hatte, mich zu ihr hinunterzubeugen. Ich sagte ihr, dass ich aus Freiburg käme, und zwar im Auftrag des Oberbürgermeisters, dass ich einen Brief und Bücher mitgebracht hätte. Sie lächelte, lächelte mit ihrem ganzen Körper, mit den zusammengefalteten Händen, mit den zerzausten Haaren, mit den dünnen Fingern ... Die alte Frau ging sofort zur deutschen Sprache über und bat mich, ins Wohnzimmer zu gehen. Ich betrat ein kleines Zimmer, das sogenannte Wohnzimmer, obwohl es gar keine anderen Zimmer gab. Hier stand ein runder Tisch, bedeckt mit einem dunklen Gobelintischtuch samt Troddeln, und hier war offensichtlich auch das Arbeitszimmer: ein Schreibtisch, voll mit Papieren, Bildbänden und anderen Dingen, ein übervoller, fast zusammenbrechender Bücherschrank, überall Zeichnungen, Fotografien, unter denen sofort ein großes Porträt von Pasternak hervorstach, ein altes, milchkaffeefarbenes Klavier mit einem sympathischen Durcheinander von Notenalben und Büchern und ein Vorhang, hinter dem sich offensichtlich das „Schlafzimmer" verbarg. Die alte Frau fragte, wie denn der Oberbürgermeister heiße, setzte sich sofort an den Schreibtisch, um einen Antwortbrief zu verfassen.

Der Oberbürgermeister Rolf Böhme war ein großer Anhänger und Kenner der Lyrik von Marina Zwetajewa. Obwohl dies eigentlich verwunderlich war, denn er kannte ihr Werk nur aus Übersetzungen. Und ich weiß sehr genau, was Übersetzen bedeutet. Da kannst du als Übersetzer noch so brillant sein, manchmal findet man einfach nicht das richtige Wort, kein einziges Synonym kann die feinen Nuancen wiedergeben, und wenn dann der richtige Sinn gefunden ist – dann passt das Wort einfach nicht in den Vers … Aber offenbar kann es gelingen, das Charisma von Zwetajewa, ihre provozierende Emotionalität und verwirrende Weiblichkeit auch in Übersetzungen zu vermitteln und damit Menschen in den Bann zu ziehen. Ob nun dies die Liebe unseres Oberbürgermeisters zur russischen Dichterin begründete oder ob hier auch der Stolz des Stadtoberhaupts mitschwang, dass Zwetajewa in ihrer Jugend manche Strophen geschrieben hatte, die ihre unverbrüchliche Liebe zu Freiburg und zu Deutschland zeigten, das war nicht wichtig. Wichtig war allein, dass sie jeder Verehrung und jeder Begeisterung würdig war. Und dass der Oberbürgermeister diese Initiative gestartet hatte, auch das verdiente Anerkennung und großes Lob.

In den 1980er-Jahren hatten wir eine Gedenktafel an jenem Haus angebracht, in dem die Schwestern Zwetajewa in ihrer Jugend gelebt hatten. Wir, das war die Gesellschaft für Deutsch-Sowjetische Freundschaft, diese Gesellschaft heißt jetzt West-Ost-Gesellschaft. Dort fanden ganz unterschiedliche, zum Teil auch eigenartige Menschen zusammen, die sich aus verschiedenen Gründen für Russland und seine Kultur interessierten. Von ihnen, diesen eigenartigen Menschen, war ich gut informiert über das Schicksal der Schwestern, die dort, in diesem Freiburger Pensionat, im Schuljahr 1904/05 gelebt hatten.

Der Oberbürgermeister wusste, dass ich mich oft in Moskau aufhielt, bat mich, mit Anastasija, der Schwester von Marina Zwetajewa, Kontakt aufzunehmen, und gab mir ihre Adresse. Und so hatte ich

133

mich in der Bolschaja-Spasskaja-Straße vor dem Haus Nummer acht eingefunden.

Wir tranken Tee aus einfachen Porzellantassen zweiter Wahl mit einem ausgebleichten Goldrand an der Innenseite und roten Blumen außen. Sie erinnerte sich an liebenswerte Einzelheiten aus dem Freiburger Leben, obwohl sie dort ja nur ein Jahr gelebt hatte, noch dazu als Kind. Sie blätterte den Bildband durch, den der Oberbürgermeister geschickt hatte, und erkannte mit großer Begeisterung einzelne Gassen wieder, Tore und Plätze, obwohl vieles durch den Bombenangriff zerstört und später wieder neu aufgebaut worden war. Es bereitete ihr sichtliches Vergnügen, einige Orte in dem Buch wiederzuerkennen, und die Dankbarkeit darüber ließ ihre Erinnerungen wieder aufleben. Ihr Deutsch war sehr gut, und ich dachte bei mir: Mein Gott, wie lange hat sie das nicht mehr gesprochen? Nach ihrer Rückkehr hatte sie zunächst in Moskau Deutsch unterrichtet, bis sie festgenommen und zu Lagerhaft verurteilt worden war. Und später? Wie viel Zeit ist seitdem vergangen? Woher kommen all diese Worte und Wendungen in ihrem Kopf?

Sie war eine so lichte Erscheinung! Wenn ich sie ansah, versuchte ich, Spuren des Leidens zu erkennen, tiefe Kerben, Furchen der Verzweiflung und der Verluste, aber ihr Lächeln und ihr scharfer Verstand ließen mich einfach nicht daran denken, dass dies ein Mensch war, über den die Revolution regelrecht hinweggestampft, hinweggerollt war, ein Mensch, vor dem ich mich eigentlich in einem Zustand permanenter Rechtfertigung befinden müsste, wie ein Glücklicher vor einem Unglücklichen, wie ein Gesunder vor einem Kranken, ein Junger vor einem Alten …

Aber solche Gefühle rief sie in keinster Weise in mir hervor. Ich dachte daran, wie viele Menschen durch Gefängnisse gezerrt, durch Verbannung und Lager geschleppt, in Verhören gequält worden waren. Was für Menschen waren das, konnten sie auch lächeln? Und haben sie ihren Kindern auch Märchen vorgelesen? Apropos, Anastasija selbst hat auch Märchen geschrieben, die vom NKWD vernichtet wurden, zusammen mit zwei Manuskripten, *SOS oder das Sternzeichen Skorpion* und *Das hungrige Epos*. Bücher, die niemals mehr jemand lesen wird ...

Nachdem sie den Brief abgeschlossen hatte, schrieb die alte Frau mit erkennbarem Stolz: „Anastasija Zwetajewa, 98 Jahre."

Ich fragte sie, was ich ihr das nächste Mal bringen könne, und sie bemühte sich gar nicht, Befangenheit vorzuspielen („Ach nein, aber nein, was fällt Ihnen ein ..."), und bat mich um – Schweizer Konfekt.

Und als ich dann das nächste Mal mit diesem Konfekt erschien, außerdem mit einem wunderschönen Hauskleid und Fellhausschuhen (sie fror nämlich die ganze Zeit und konnte kaum warm werden), ja da war ich nicht mehr aufgeregt, als ich vor ihrer Tür stand, sondern freute mich nur auf den Besuch. Ich erklärte ihr, dass der Oberbürgermeister Gelder bereitgestellt habe, um ihr in jeder erdenklichen Weise Gutes zu tun, Wünsche zu erfüllen oder Notwendiges zu besorgen. Für sie war das der Himmel, sie wollte die Güte nicht zurückweisen, die wildfremde Leute aus Deutschland ihr entgegenbrachten, wollte sie nicht mit einer Zurückweisung beleidigen, aber zugleich war sie nicht in der Lage, irgendeinen Wunsch zu formulieren. Schon der Wunsch nach ausländischem Konfekt und Gebäck in schönster Verpackung war ihr schwergefallen. Um die alte Frau nicht mit Nachfragen nach Wünschen zu beunruhigen, gar zu quälen, drang ich nicht weiter in sie. Solange ich in Moskau war, besuchte ich sie einfach, und wenn ich nach Freiburg zurückfuhr, übertrug ich meine Fürsorge um Anastasija Iwanowna meinen guten, gutmütigen Freunden Anatolij und Tamara. Anatolij war ein richtiger Künstler, das heißt ein schöpferischer Mensch mit wenig Fähigkeit im Bereich des praktischen Lebens, Tamara dagegen eine Wissenschaftlerin, eine Doktorin der Technik. Sie war Anatolij vom Schicksal als eine Art rettender Ballast geschenkt worden, um ihn irgendwie am Boden zu halten. Und es war natürlich Tamara, die mir am Telefon dann genau berichtete, wie und womit sie Zwetajewa versorgt hatte, welche Milchbrötchen ihr am besten geschmeckt hatten ... Tamara teilte mir auch mit, was für die alte Frau an Notwendigem aus Deutschland mitgebracht werden sollte, aber das waren alles Kleinigkeiten.

Der rettende Gedanke zu einem passenden, einem würdigen Geschenk entstand irgendwie von selbst, als wir in der Bolschaja-Spasskaja-Straße gemeinsam beim Tee saßen. Mag sein, dass es gerade das an der Wand hängende Porträt von Pasternak war, das Anastasija Iwanowna anregte, sich an Peredelkino, diesen berühmten Ort unweit Moskaus, zu erinnern. Dort hatte Pasternak gelebt, dort hatte er seine Werke geschrieben, dort war er gestorben, dort befand sich sein Grab. In Peredelkino, mitten in einem Kiefernwald, befindet sich auch ein Sanatorium des Schriftstellerverbandes … das liebte sie so … und hatte einmal das Glück … Das Gespräch stockte, und ihr Blick wurde nostalgisch-sentimental, auf Bilder gerichtet, die ich nicht sehen konnte. Dann wischte Anastasija mit ihrer dünnen Hand über ihr Gesicht, als wolle sie die Traumgespinste vertreiben, und klagte mit ironischem Lächeln: „Ja, meine Liebe, dort werde ich wohl nicht mehr hinkommen, man hat meinen Antrag abgelehnt."

Als ich in Peredelkino ankam, verstand ich sofort, warum sie so stark von diesem Ort angezogen war. Wenn ich ähnliche Erinnerungen und Emotionen wie Anastasija Zwetajewa gehabt hätte, so wären wohl auch meine Gefühle andere gewesen – aber so waren meine Eindrücke ganz frisch, unberührt von der Vergangenheit, es war eine von Kiefernharz gesättigte Luft, die man am liebsten mit großen Schlucken trinken wollte, eine Friedlichkeit, die von den Kiefern ausging, hell wie goldene Säulen, die sich im Dunst der untergehenden Sonne spiegeln … Das war genau dieser „andere" Raum, den künstlerische Menschen suchen, eine andere Realität, nur wenige Kilometer von Moskau entfernt. Hier war die Ruhe zu Hause, eine Ruhe, die zugleich für Glück stand, ein Glück, das wiederum gleichbedeutend mit Ruhe war. Und diese Kiefernstille war auch die Geburtsstunde meines Lieblingshelden Schiwago, der seinem Schöpfer bis zum Ende des Lebens eine veritable Hetzkampagne eingebracht hatte – und nach dem Tod die Unsterblichkeit. Als ich den Weg zwischen den im Sonnenlicht

badenden, zapfenbehangenen Kiefern entlang in Richtung des zwei-
flügeligen, mit großen Säulen versehenen, allein stehenden Gebäudes
ging, dorthin also, wo sich das Sanatorium für die Schriftsteller befand, fühlte ich mich für einen Augenblick wie in einem hypnotischen
Traum. Wollte alles vergessen. Wollte nur hierbleiben. Für immer.

Aber Kiefern sind Kiefern, und Menschen sind Menschen. Wenn
es auf der Welt überhaupt einen einzigen Platz gibt, wo man für immer bleiben möchte, so ist das wahrscheinlich eine unbewohnte Insel.
Und wenn man sie besiedelt, so wird sich die zweite Generation dann
wieder aufmachen, um ihr eigenes Paradies zu suchen. Die Menschen
in Peredelkino aber wollten die alte Frau Zwetajewa schlicht deshalb
nicht zur Erholung und Pflege aufnehmen, „weil sie zu alt ist“.

Ich wandte mich an meine Freunde Anatolij und Tamara, denen
es tatsächlich gelang, Zugang zum Minister zu bekommen. Und sie
waren beim entscheidenden Moment der Wahrheitsfindung dann tatsächlich physisch anwesend: Der Kulturminister Sidorow brüllte unglaubliche Schimpfwörter ins Telefon, regte sich auf, wie man so mit
Anastasija Zwetajewa umgehen könne! Das wirkte sofort. Wir stellten
eine Pflegerin an, eine gutmütige Frau, zahlten auch für sie einen Platz
im Sanatorium, damit sie Anastasija Iwanowna rund um die Uhr lie-
bevoll versorgen konnte. Für diese Sache trudelten wieder Deutsche
Mark ein, die in großzügiger Weise vom Oberbürgermeister der Stadt
Freiburg kamen. Und so brachten wir sie mit vereinten Kräften unter
goldene Stämme und Kiefernluft …

Blitzartig verbreiteten sich Gerüchte, dass sich im Umkreis der
alten Dame ausländische Gelder bewegten. Einmal erschienen zwei
junge Kerle, und zwar nicht irgendwo, sondern direkt in meinem
Moskauer Firmenbüro. Sie wiesen sich als Vertreter einer Gärtnerko-
operative aus und erzählten, dass sie eine neue Rose gezüchtet hätten.
Ach, wie viel Kraft sie investiert hätten, und och, was alles noch nötig
sei! (Ich konnte mir überhaupt nicht vorstellen, was sie eigentlich von
mir wollten, aber einer Tatsache war ich mir völlig sicher: Ich hatte
sicherlich nichts an Gerätschaften, was ihnen bei dieser Gärtnerarbeit

helfen könnte.) Aber dann, dann wurde es klar: Diese Wunderrose trug den Namen ... Zwetajewa.

Na ja, alles klar. Wie wäre es auch anders denkbar. Jetzt würde wohl der Vorschlag folgen, einen besonderen Pavillon zu bauen oder auch eine Reihe von Treibhäusern. Aber die beiden baten, ganz bescheiden ... um einen Drucker.

Ich allerdings habe ein grundlegendes Problem: Ich kann nicht Nein sagen. Natürlich bin ich da keine Ausnahme. Natürlich träume auch ich davon, endlich zu lernen, etwas abzuschlagen, aber so, dass die Argumente wirklich überzeugend sind, so, dass man sich nicht getrauen würde, die Bitte zu wiederholen, und gleichzeitig so, dass der bittende Mensch immer noch sein Wohlwollen und seine Sympathie mir gegenüber behält. Ja, das wäre der Traum, tatsächlich aber höre ich immer aufmerksam zu, versetze mich dann in die Lage des Bittstellers, so lange, bis ich selbst nicht mehr weiß, wie ich aus dieser Nummer wieder herauskommen soll. In dem Fall mit der Rose fiel mir dies allerdings erstaunlich leicht. Wahrscheinlich das erste und einzige Mal in meinem Leben. Ich schickte die beiden zusammen mit ihrem Drucker und der ganzen Botanik einfach weg. Und war sehr zufrieden mit mir.

Das Sorgen für Anastasija, diese unvergessliche Zeit, dauerte nicht lange, vielleicht ein Jahr. Und man kann mit Fug und Recht sagen, nicht nur unser Oberbürgermeister agierte hier sehr erfolgreich, sondern auch wir selbst.

Als Anastasija Iwanowna starb, wurden die verbliebenen finanziellen Mittel für ein würdiges Begräbnis im Familiengrab der Zwetajewas auf dem Waganskoje-Friedhof verwendet. Wie gut konnte man sie dafür brauchen ...

„Russischer Winter in Freiburg" (1994)

Einmal, es war wohl 1992, läutete es an der Tür, und ein russisches Ehepaar kam die Treppe hoch. Meine Adresse habe man ihnen in Moskau gegeben und gesagt, ich würde sicherlich begeistert auf das reagieren, was man mir zeigen würde. Der Mann sagte, er sei auf einer Ausstellung in Paris gewesen und nun auf dem Rückweg nach Moskau (mir kamen sofort die russischen Aristokraten in den Sinn, die vor der Revolution auch immer umgehend die Pariser Ausstellungen besucht hatten, und bei diesem Gedanken musste ich selbst schmunzeln). „Kann ich Ihnen meine Exponate zeigen?", fragte er ganz schlicht und einfach.

So traf ich zum allerersten Mal Anatolij und Tamara. Anatolij brachte aus seinem Auto eine Kiste. Dann ging er wieder hinunter und holte eine zweite. Und schließlich brachte er alle anderen. Die beiden packten nun ihre Objekte aus, präsentierten ihre Schätze: bemalte Lackschatullen, Schmuck und Teile alter festlicher Kleider, kleine Pfeifchen, Körbchen, getöpferte weibliche Figuren in breiten Röcken ... Mein Zimmer wirkte bald wie eine Piratenhöhle mit reicher Beute, ich konnte mich gar nicht beruhigen vor lauter Begeisterung. Ich setzte sogar einen funkelnden Kokoschnik, diese traditionelle, reich geschmückte russische Kopfbedeckung, auf.

Das muss eine Ausstellung geben, nein, keine Ausstellung, ein großes Festival! Anatolij schlug auch gleich ein Begleitprogramm vor, ein Chor vielleicht, ein Ensemble mit geistlicher Musik, Filmvorführungen ... Bald kam sogar die Idee auf, die Schöpfer dieser Artefakte einzuladen, damit diese Künstler dann dem staunenden Publikum ihre Fertigkeiten zeigen könnten …

Anatolij war übrigens Filmemacher, Regisseur von Dokumentarfilmen, er war durch den Ural und durch Sibirien gereist, auf die Kurilen, durch Indien und Asien, hatte Extremkletterer bei der Erklimmung des Elbrus gefilmt und schöpferische Menschen in russischen Dörfern. Aber alle seine Filme waren in den Regalen der Zensurbehörden gelandet, sie passten einfach nicht in die Ideologie der Sowjetunion. Nach der Öffnung des Landes hatte er dann seine Werke auf internationalen Festivals eingereicht und einen Preis nach dem anderen gewonnen.

Er sammelte und kaufte in ganz Russland, kaufte all das, was in dieser Zeit niemandem mehr von Nutzen zu sein schien, setzte sein persönliches Geld ein, um alte Volkskunstmeister mit jungen zusammenzuführen und gemeinsam arbeiten zu lassen. Immer mit dem Ziel, die alten Traditionen vor dem Aussterben zu bewahren, auch wenn sie im Moment nicht gefragt schienen. Es war fanatisch, wie er für die alte Volkskultur kämpfte, immer auch von der Angst getrieben, die Sowjets könnten diese Traditionen endgültig zerstören. Aber seine Ausstellungen interessierten niemanden und nirgends. In Paris aber war alles anders gewesen.

Um die zu erwartenden Schwierigkeiten mit dem Zoll bei einer Rückfahrt zu vermeiden, brachten wir die Kisten zur Zwischenlagerung auf den Dachboden meiner Mutter. Dort sollten sie nun auf ihre Ausstellung in Freiburg und auch auf die Ankunft russischer Künstler warten.

Mit viel Herzblut machten Tamara, Anatolij und ich uns an die Organisation eines riesigen Festivals in Freiburg. Wir steckten viel Zeit in die Vorbereitung und nannten unsere Unternehmung bald „Russischer Winter in Freiburg". Dabei blieben wir aber nicht ohne Unterstützung. Russland, nunmehr schon nicht mehr die Sowjetunion, zeigte sich sehr interessiert, die Kulturministerien beider Länder gaben ihr Ja. Russland übernahm die Kosten für die Entsendung eines sibirischen Chors, Freiburg stellte seine Museen zur Verfügung, die Säle und das Kommunale Kino. Und nicht zuletzt überließ uns Anatolij das wertvolle Ausstellungsmaterial völlig unentgeltlich ...

Kurze Zeit später folgte ich Anatolij und Tamara nach Moskau.

Anatolij schlug mir vor, mit seinem Auto über die Dörfer zu fahren, dorthin, wo die Künstler lebten und arbeiteten, damit ich mit eigenen Augen sehen könne, wo das Volkshandwerk zu Hause ist und wie daraus Kunst entsteht. Ich sollte die Möglichkeit erhalten, diese Menschen persönlich nach Freiburg auf das Festival einzuladen. Alle Wege und Fahrtrichtungen waren von Anatolij bestens ausgeklügelt worden, und so fuhren wir mit seinem alten Ford von Moskau aus in Richtung Nizhnij Nowgorod ...

Wir fuhren lange zu einem kleinen Dorf, das man kaum auf einer Karte finden wird, in der Gegend von Palech, fast acht Stunden waren wir unterwegs. Anatolij erzählte, dass dort der Sohn des Künstlers Iwan Golikow lebe, ein Nachfahre eines Ikonenmalers, der nach der Revolution, 1924, zu einer Zeit also, als Ikonen bei den neuen Machthabern nicht hoch im Kurs standen, eine Gemeinschaft, eine „Künstlerkooperative der alten Malkunst", gegründet habe: Dort fanden ehemalige Ikonenmaler zusammen, sieben Künstler. Golikow hatte auch diese Lackminiaturen auf schwarzem Grund kreiert, die heute die ganze kunstbegeisterte Welt einfach unter dem Namen „Palech" kennt. Damit setzte man die alte Technik der Ikonenmalerei fort, wenn auch in neuer Anwendung: Temperafarben auf der Basis von Eigelb und ein ganz besonderes Gold. Die ehemaligen Ikonenmaler stellten jetzt also Schatullen, Broschen, Zigarrenschachteln her ... Aber die Darstellungstechnik, die Märchen und Sagenmotive, die Themen der Bilder aus Literatur und Geschichte erinnerten natürlich immer noch an Ikonen ...

Wir kamen spätnachts an. Genauer gesagt, gegen ein Uhr morgens. Alles lag in vollkommener Stille, die Dächer der kleinen Häuser und Katen wirkten gräulich im Licht des Mondes. Nicht einmal die Hunde bellten. Anatolij forderte mich auf, an eine Tür zu klopfen und nach dem Weg zu fragen. So geschah es dann auch. Ein Hund bellte faul vor sich hin, im Haus wurde es unruhig, in einem Fensterchen leuchtete gelbes Licht auf. Hinter den Vorhängen bewegten sich Schatten. Ein Mann erschien auf der Türschwelle, hinter seiner Schulter die erstaunten Blicke einer dunkelhaarigen Frau. Ich sagte: „Ich bin – Deutsche. Bin aus Deutschland gekommen. Habe mich verirrt. Weiß nicht, was ich jetzt machen soll." Die Frau drängte sich jetzt nach vorne, sagte etwas, war aufgeregt, fing an, hin und her zu rennen. Man bat mich ins Haus, damit ich mich ausruhen könne, und am Morgen – der Morgen ist ja bekanntlich immer schlauer als der Abend –, am Morgen würden wir nachdenken, wie es weitergehen solle. In diesem Moment sprang Anatolij aus dem Auto. Er hatte sich einfach einen Scherz erlaubt, denn in diesem Haus lebten seine Künstlerfreunde. Dann wurde gelacht, umarmt, geküsst, und die stürmische Fröhlichkeit riss nun doch noch zwei, drei Hunde aus dem Schlaf ...

Der Morgen führte mir die zehn kleinen Holzhäuser in diesem Dorf vor Augen. Kein einziger Zaun. Nur einige Häuschen entlang der nicht asphaltierten Straße. Ein einziger Brunnen, aus dem man wohl seit Jahrhunderten das Wasser schöpfte. Hinter den Häusern große Gärten mit Gemüsebeeten. Zum Frühstück gab es Früchte dieses Gartens und Syrniki, diese wunderbaren kleinen Quarkküchlein, mit Konfitüre ...

Die Zivilisation, an die ich mich mit meinen Geschäften, den Problemen und Erfolgen, Telefongesprächen und Geschäftsessen gewöhnt hatte, war hier weit entfernt. Alles schien so einfach und so friedlich. Wir gingen spazieren, wir sprachen viel miteinander, wir aßen und quatschten. Nicht mit dem Ziel, irgendeinen Vertrag abzuschließen, irgendetwas zu unterschreiben, zu verkaufen, zu liefern ... Wir lebten einfach. Einfach so.

Ich war tief berührt, wie ärmlich es die Menschen hatten und wie sie sich zugleich um die Natur besorgt zeigten. Und wie einfach es war, mit ihnen zu reden. Ich aber wusste nicht, was tun, wohin mit meinem Müll, den ich gewissermaßen automatisch erzeugte, wohin mit dem Glanzpapier, in das meine Kaugummis eingepackt waren, wohin mit dem Abschminkzeug, mit den Wattestäbchen ... Der ganze Müll, der hier, in diesem Dorf, produziert wurde, war ausschließlich biologisch.

Wir fuhren weiter an die Wolga zu einem Künstler namens Kolja Iwanow. Einige Tage verbrachten wir so in Chochloma. Dort zeigte sich dann die Armut in der ganzen Härte, hier war nichts mehr romantisch. Kolja bemalte Holzgeschirr: Schwarz, Orange und Gold auf rotem Grund. Die ganze Familie war mit eingebunden, zwar nicht in die künstlerische, sondern in die gesundheitsschädliche technische Ausführung der Arbeit. Mit diesem Handwerk verdienten sie ihren Lebensunterhalt. In der Werkstatt wurde einem schwindlig von den Massen an Objekten und den Ausdünstungen des Lacks.

Ich beobachtete, wie die Banja am Rand des Gartens angeheizt wurde und wie der Rauch in Richtung des ausgedünnten Waldes zog. Ich sah die kleinen Pinselhaare aus dem Fell eines Wolfes, mit denen die Miniaturen gemalt wurden. Ich aß Ucha, diese besondere Fischsuppe, aus eben geangeltem Fisch, direkt am Ufer gekocht, über offenem Feuer, in einem Teekessel. Ich aß Krebse. Ich aß Roggenbrot mit Honig, der mit einem hölzernen Löffel aus einem großen Fass geschöpft wurde. Ich fotografierte das hohe, ungemähte Gras um die etwas abseits gelegene kleine Kirche herum vor dem Hintergrund der bescheidenen Landschaft, die wettergegerbten, lachenden Gesichter der einfach gekleideten Menschen und die wunderbaren Erzeugnisse ihrer Hände Arbeit ... Das alles ist für mich unvergesslich.

Das Festival in Freiburg wurde dann groß und bedeutend, aber was war das schon im Vergleich mit dieser Reise zu den Künstlern!

Fünfzig Menschen, fünfzig Teilnehmerinnen und Teilnehmer, kamen aus Russland. Wir brachten sie bei Familien unter.

Dieser „Russische Winter" zog unglaubliche Aufmerksamkeit auf sich: Fernsehen, Presse, lebhaftestes Interesse. Bei der Eröffnung offizielle Personen: von unserer Seite ein Ministerium, der Oberbürgermeister, der Museumsdirektor. Und dann noch ein einziger russischer Beamter aus dem Kulturministerium, der aus irgendeinem Grunde mit traurigem Gesicht beim Bankett saß, systematisch trank und die

Zigarette nicht aus der Hand legte. Vor ihm dampften im Aschenbecher die Zigarettenstummel vor sich hin ...

Den Künstler Kolja Iwanow brachten wir in einer russischsprachigen Familie unter, damit er wenigstens einige Worte mit ihnen sprechen konnte. Ich weiß aber nicht, ob er diese Chance überhaupt genutzt hat. Er schwieg nämlich immer und hielt sich abseits. Einer dieser Sonderlinge, die unter keinen Umständen bereit sind, auch nur das Geringste aus einer fremden Kultur anzunehmen. Dabei zeigte er aber keine Ablehnung oder gar Verachtung für dieses „Fremde", aber eben auch keinerlei Interesse. Man bat ihn, seine Kunst hier in diesem fremden Land vorzuführen, und er willigte aus Gutmütigkeit ein: Und so arbeitete er dann still vor sich hin, von allen Seiten beobachtet, bemalte mit Inbrunst sein rot-goldenes Holzgeschirr. Er hatte ein langes, hageres Gesicht, wie man es auch auf den Ikonen selbst erblicken kann, einen großen, ausgemergelten Körper und lange, knöcherne Finger, mit denen er seine Wunder schuf. Sein Blick, seine Augen erinnerten an helles Wasser, in dem sich der Himmel spiegelt.

Der sibirische Chor aber war der Gegenentwurf zu diesem schweigenden Künstler. Ein lautes Volk, fröhlich, umtriebig. Es waren ganze Familien von Altgläubigen, die auch als Familien sangen, die Kinder eingeschlossen. Sie wollten alles ausprobieren, alles erfahren, alles Mögliche kaufen. Als sie nach Hause fuhren, ließen sie hier eine Fülle von Eindrücken und Gesprächen zurück, ausreichend für mindestens ein halbes Jahr. Einmal veranstalteten sie auf dem Münsterplatz mitten im Zentrum Freiburgs einen Reigentanz, und der ganze Platz wurde mit viel Gelächter, Scherzen und kleinen Streichen in dieses Schauspiel einbezogen – das war etwas! Ganz einfach, aus sich selbst heraus, ohne ein einziges deutsches Wort! Ihre Konzerte waren so wie sie selbst: strahlend, hell, klangvoll.

Die Freiburger Kinder durften die Spielzeugfiguren aus Dymkowo bemalen, kunstvoll getöpferte kleine Kunstwerke. Deshalb wollte man natürlich den Kindern erwachsene Aufsichtspersonen zur Seite stellen, aber Anatolij war kategorisch dagegen, und so wurden Erwachsene tatsächlich nicht zugelassen. Ergebnis: Kein einziges Spielzeug wurde beschädigt oder gar zerstört!

Es wurden auch russische Filme gezeigt, unter anderem Werke von Anatolij. Ein Organist, Jantschenko, spielte in einer Kirche eigene Kompositionen. Zuvor hatte man ihm mitgeteilt, dass eine Kirche kein Konzertsaal sei und man deshalb keinen Beifall erwarten dürfe, aber das Publikum erhob sich und applaudierte lange, sehr lange ...

Nur der wichtigste, der bedeutendste Künstler aus Palech war nicht angereist. Sagte, dass er keine Zeit habe, Kartoffeln setzen müsse. Das war natürlich ein Scherz. Kartoffeln werden bekanntlich nicht im Winter gesetzt. Nicht einmal in Russland.

Wie Lenin mir den Weg zeigte (1994)

Anatolij und Tamara wurden mir zu besonders wertvollen Freunden. Sie eröffneten mir ein anderes Russland, ein Russland, das nichts mit Geschäft, Bürokratie, Zoll, Kunden, offiziellen Meetings zu tun hatte ... Eines Tages wollte ich meine Freunde auf ihrer Datscha unweit von Moskau besuchen.

Mein Gefühl für Russland war immer gespalten. Es wanderte hin und her auf einem schmalen Grad: Auf der einen Seite empfand ich Empörung, Entrüstung, Unverständnis und Angst (insbesondere über das politische System mit seinen perfiden Schikanen gegenüber den Menschen), auf der anderen Seite liebte ich dieses Land und seine Menschen dennoch auf seltsame und unerklärliche Weise.

Bis dahin war ich mit Russland vor allem geschäftlich verbunden gewesen. Anatolij und Tamara aber lebten in der Welt der Kunst, und die Freundschaft mit ihnen führte mich über geheimnisvolle Flure in neue Räume, in denen sich ganz andere Werte verbargen. Natürlich war auch hier nicht alles einfach und schon gar nicht unproblematisch, natürlich lief ich auch hier Gefahr, mich in meinen eigenen Gefühlen zu verirren, so wie man sich eben auch in den Wäldern nahe bei Moskau leicht verirren kann.

Meine Freunde erklärten mir den Weg zu ihnen auf die Datscha, so einfach, dass man nicht einmal nachfragen musste. Setz dich in den letzten Waggon, steig an der siebten Station aus, vor dir liegen dann der Bahnhof und die Straße. Dann geh diese Straße entlang bis zur

Datschensiedlung, frag dort nach Tamara und Anatolij. Das war's. Ganz einfach.

Ich mache alles, wie man mir gesagt hat. Letzter Waggon, der sich auf dem Bahnsteig natürlich als der erste erwies, weil die „Elektritschka", der Vorortzug, ja vom Moskauer Bahnhof in die entgegengesetzte Richtung fährt. Der Zug rappelvoll. Kein Sitzplatz. Ich stehe, eingekeilt von den Datschniki, also den anderen Passagieren, die alle auf ihre Datscha fahren. Als der Zug bremst, fällt ein betrunkener Mann auf mich. An der siebten Station schäle ich mich mit Mühe aus dem Waggon – außer mir steigen nur wenige aus.

Uff. Ich gehe den Bahnsteig bis zum Ende entlang, dort, wo eine kleine, schiefe Bude steht. Irgendwie schaut das gar nicht nach Bahnhof aus … Rundherum nichts als Wald. Die anderen Menschen sind schon mit ihren Körben und Taschen in verschiedene Richtungen verschwunden. Nach dieser Bude soll ja das beginnen, was üblicherweise „Straße" heißt, aber dort ist nur ein Pfad, der in den Wald führt. Und diesen Weg nehme ich dann auch.

Ich gehe ziemlich schnell verloren. Dort, wo sich der Weg in drei Pfade aufteilt, kein Hinweisschild, nichts. Ich wähle auf gut Glück.

Zwei Stunden vergehen.

Unter den Füßen ein Teppich von Kiefernnadeln … Aromatische Luft. Es ist nicht heiß im Wald, ganz still und ruhig. Aber niemand kommt mir entgegen, irgendwie seltsam, wir sind doch nicht in der Taiga, nicht in den unergründlichen Wäldern Sibiriens. Ich kann nur hoffen, dass es keine Wölfe gibt. Immerhin ist der Pfad ausgetreten, das heißt, hier gehen offenbar manchmal Menschen, und ich sollte doch auch irgendwo hinkommen. Vermutlich habe ich mich verzählt, bin nicht an der siebten Station ausgestiegen. Wohl wegen dieses Mannes, der auf mich gefallen ist … Jetzt bitte Ruhe bewahren. Zufußgehen ist gesund. Aber plötzlich … irgendein schwarzer Kopf da zwischen den Sträuchern? Hilfe! Ein bisschen hoch droben für einen Menschen. Ach um Himmels willen, ist das … Lenin?

Tatsächlich. Lenin. Eine Büste auf einem steinernen Sockel. Mitten im Wald an einer Wegkreuzung. Wenn dort eine Verkaufsbude für Theater- und Konzertkarten in Moskau gestanden hätte, wäre das weniger verwunderlich gewesen. Lenin!

Wie üblich zeigte er mit seinem Arm in eine Richtung. Und ohne nachzudenken, folgte ich seiner Vorgabe. Tatsächlich waren nun bald kleine Datschen zu sehen und auch Menschen in ihren Gärten. Guten Tag! Ich bin Deutsche. Komme aus Deutschland. Habe mich verirrt.

„Aber Sie sind nicht zufällig Anna German?", lächeln mir die Menschen entgegen, obwohl sie offenbar verstehen, dass ich es schwerlich sein kann. „Gehen Sie doch weiter bis zum ersten Tor, dann sehen Sie ein altes grünes Haus. Nehmen Sie sich Äpfelchen mit auf den Weg, vielleicht verirren Sie sich ja noch einmal …"

Viele meinten, ich sähe Anna German ähnlich, einer berühmten Sängerin russischer Lieder, die auch heute, Jahre nach ihrem tragischen Tod, ungemein populär ist. Anfangs amüsierte mich das, dann irritierte es mich. Erstens hatte ich sie nie gesehen – damals konnte man nicht einfach das Smartphone aus der Tasche ziehen und im Internet Bilder von Anna German anschauen, gleich in mehreren Varianten. Und zweitens, wenn ich singe, warum singe ich dann wie Anna German? Und sie ist bei Weitem nicht die Einzige mit langen blonden Haaren! Warum soll ich denn überhaupt mit jemandem Ähnlichkeit haben?

Dann aber sah ich ihr Porträt! Da war nicht nur eine Ähnlichkeit, da war direkte Verwandtschaft! Ihre Ausstrahlung war eine einzige Elegie, und ihr Gesicht atmete Trauer – das war ganz und gar nicht mein Temperament. Nun, gut und schön, lass sie also ähnlich sein. Dann schenkte man mir ihre Schallplatte. Ich verliebte mich sofort in diese zauberhafte Stimme, und fortan erfüllte mich die Ähnlichkeit mit Stolz.

Jahre später klärten sich dann auch die „verwandtschaftlichen Verbindungen". Anna German war deutschstämmig.

Seltsam. Wir saßen auf der eingeglasten, halbrunden Terrasse im Haus meiner Freunde, aßen zu Mittag und unterhielten uns. Das Glas war alt, von den Zeiten leicht wellig geworden … Das Sonnenlicht erfüllte die Terrasse mit wellenförmig gebrochenen, seltsam funkelnden Strahlen. Ich erinnere mich an Sträucher vor den geöffneten und geschlossenen Fenstern. Sträucher, überflutet von weichem Licht, verschwimmend im fließenden Fensterglas … Ich erinnere mich an das Lachen Tamaras, an ihre wunderbare Sauerampfersuppe und die jungen Frühlingszwiebeln auf dem Tisch …

Warum ich mich eigentlich verirrt hatte, wurde schnell geklärt. All das führte zu vielen Gesprächen und Gelächter, zur Überreichung einer Medaille für Leistungen im Bereich Geländeorientierung und Dankbarkeitsbekundungen gegenüber Lenin. Und was Lenin dort zu suchen hatte, mitten im Wald, auch das hat man mir erklärt. Aber daran erinnere ich mich nicht mehr.

Transsibirischer Albtraum (1996)

Vier Jahre waren vergangen, seitdem ich mein erstes Büro in Moskau eröffnet hatte. Unser Geschäft hatte sich zügig entwickelt. Jedes Jahr hatte sich unser Umsatz verdoppelt. Aus zwei Millionen waren vier geworden, aus vier acht. Wir näherten uns einem Umsatz von zwanzig Millionen Mark.

Aber wie ich auch schuftete, wie ich mich auch an den Erfolgen und Ergebnissen freute, so hatte ich doch immer vage Bedenken und ein Gefühl von unbestimmter Angst. Dieses Gefühl überrollte mich ganz einfach. Es schien mir, dass all dies, was meine Zeit in Anspruch nahm, dass alles, was damals mein ganzes Leben ausmachte, eine eigene Dynamik hatte und dass ich selbst eher so wie das Wasser sei, das ein Mühlrad antreibt. Irgendwo werden dann die Säcke mit Mehl gefüllt, irgendjemand backt daraus knuspriges Brot, und irgendjemand isst das Brot und freut sich … Aber ich rackere mich mit dem Mühlrad ab, gebe all meine Kraft, treibe das Rad weiter … Dieses Gefühl überfiel mich immer wieder und ließ sich auch nicht mehr verscheuchen.

Unser Büro war längst schon zu eng geworden, und so suchten und fanden wir wunderbare große Räume, fast dreihundert Quadratmeter. Ein altes Gebäude, ungewöhnlicher Zuschnitt. Holzsäulen, sichtbare Deckenbalken, wunderschön! Man forderte eine Mietvorauszahlung für zwei Jahre. Ich zahlte. Ich nahm Maß in unseren neuen Räumen und brachte die Pläne nach Deutschland. Ein Designer nahm seine Arbeit auf, und ich selbst beschäftigte mich mit dem Erwerb von Notwendigem.

Und schon bald wurde ein zwanzig Meter langer Transporter bepackt, so voll, dass nicht eine einzige Fliege mehr Platz gefunden hätte, nicht einmal mehr ein letzter Bleistift. Ab nach Moskau! Neben allem, was man für ein anständiges Büro braucht, also Schränke, Tische, Computer bis hin zum kleinsten Büromaterial, Büroklammern und Heftern, befand sich ein besonders wertvolles Ding an Bord: ein spezieller antistatischer Teppich für Räume, in denen sich viele Computer befinden. Dieser Teppich war passend zugeschnitten, alle Ecken, Säulen und Nischen waren bedacht, sodass man ihn mit einem Wurf ausbreiten konnte, um sogleich die Möbel darauf zu platzieren.

Alles hatte ich selbst eingekauft. Bis zur letzten Glühlampe. Aber das war eine Kleinigkeit, machte sogar Freude.

Aber dann, in Moskau, die Ernüchterung: Die Arbeiter schauen dich an, als ob du Elfenohren oder ein drittes Auge auf der Stirn hättest: „Gibt kein Kleber für so schöne Teppich." Es gebe nur so eine Paste für Asphalt, Bitumen heiße sie. „Schönes Teppich, aber hat Löcher, hast du gesehen?" Und während du noch versuchst, die Situation zu erfassen, in deine Hand zu nehmen und gescheit zu lösen, haben sie schon dort oben, eine Etage höher, die Sache selbst gelöst: Der teure antistatische Teppich wird in für sie leicht zu verarbeitende Stücke zerschnitten! Und dann wird die schwarze Paste ausgepackt, Bitumen, aus den Tuben gedrückt und zwischen die ausgeschnittenen Teile geschmiert. Nun quillt die schwarze Paste aus den Nahtstellen heraus, die sich dann ausgerechnet in den Durchgängen finden, wo die Laufflächen sind. Und die schönen, unzerschnittenen Teile befinden sich sinnvollerweise unter den Regalen und Stellwänden!

Hier wurde nun erschreckend klar, dass dies kein Spaziergang und dass ich hier für alles allein verantwortlich war. Und erst diese Blicke der Arbeiter! Sie konnten so gut wie kein Russisch, waren Armenier, von einer türkischen Firma angeheuert … Und dann war da noch Edik …

Edik liebte es, Gespräche und Verhandlungen zu führen, aber Papiere, Rechenschaftsberichte und Abrechnungen waren seine Sache nicht. Deshalb nahm er für alle möglichen Arbeiten zusätzliche Angestellte auf. Sehr bald hatte ich dann sechsundzwanzig Angestellte, die für gutes Geld arbeiteten. Darunter Wachpersonal und auch Köchinnen, damit unsere Angestellten nicht zum Essen irgendwohin gehen mussten. Auch die Besucher (meist waren es Ärzte, die sich für unsere kardiologischen Geräte interessierten) wurden mit offenen Armen aufgenommen und bewirtet, und zwar nicht nur mit einem bescheidenen Tässchen Instantkaffee. Die Küche war bestens ausgestattet, dazu wirkten hier hervorragende Köchinnen, kurzum, schon bald kam das ganze kardiologische Moskau zu uns zum Essen.

Und dann reisten alle nach Freiburg. Die schweren Bolzen hatten gequietscht, und die Tore des Landes hatten sich geöffnet. Das Jahr 1996! Alle wollten reisen, die Welt sehen. Man fuhr zu mir, und ich umsorgte alle. Manchmal hatte ich den Eindruck, ich habe gar keine medizinische Firma, sondern ein Tourismusunternehmen für Ärzte. Das Pflichtprogramm bestand in der Besichtigung von Krankenhäusern und Geräten und in der Beobachtung von Operationen, dann aber Restaurantbesuche und vor allem Verkostungen des berühmten Kirschwassers. Ganz zu schweigen von den Ausflügen in den Schwarzwald und zu anderen kulturellen Highlights. Alle Gäste wurden selbstverständlich in guten Hotels untergebracht, und ich musste mit schöner Regelmäßigkeit auch die geleerten Minibars auf den Zimmern bezahlen.

Alles Finanzielle lief über Deutschland, Russland hatte zu dieser Zeit noch kein internationales Bankensystem entwickelt. Über lange Zeit hinweg musste ich daher auch große Barbeträge mit mir nehmen, um unsere gesamte Tätigkeit in Moskau zu finanzieren. Ich führte die Gelder einfach im Koffer mit, dort lagen sie zwischen Kleidern und Blusen.

Für meinen Geschäftspartner wurde ich sehr schnell so etwas wie die Verkörperung von Bargeld zur Finanzierung seiner Talente. Ich werde nie vergessen, wie wir einige unserer Kunden mit einem Abendessen bewirteten und Edik für die Männer noch einmal eine Runde

Bier orderte, dabei mit dem Finger auf jeden zeigte, der noch ein Bier wünschte, „Bier, Bier, Bier, Bier ...", um schließlich seinen Finger auf mich zu richten: „Rechnung."

Edik hasste es, über etwas Rechenschaft ablegen zu müssen. „Sag mal, wohin sind eigentlich diese vierunddreißigtausend Mark verschwunden?" – „Woher soll ich denn das wissen, alles geschäftlich!", kam die empörte Antwort, und er zeigte lustlos auf einen Schuhkarton, in dem Berge von Quittungen herumlagen. Für sich selbst kaufte er zwei Autos (selbstverständlich geschäftlich), und wenn er sich zu einem Flug verspätete, steckte er dem Piloten hundert Dollar zu, Firmengeld natürlich, damit er noch mitfliegen konnte („Oder hättest du etwa gewollt, dass ich mich zu dem Meeting verspäte?") ... Hätte ich nicht. Weiter geht's ...

Irgendwie hatte ich wohl unbewusst große Angst, mein Geschäft alleine führen zu müssen, und Edik spürte das augenscheinlich.

Schon ein Jahr vor Eröffnung unseres großen Büros hatten wir Kontakte zu einer sibirischen Stadt geknüpft, Hauptstadt einer riesigen Region, und in Sibirien sind die Regionen wirklich riesig, so groß wie halb Deutschland. Auch das Projekt selbst versprach gigantisch zu werden: Man dachte daran, alle dortigen Krankenhäuser auszustatten.

Herr Petrow (mit „Herr" wurde er übrigens noch nicht lange angesprochen, zuvor war er „Genosse" gewesen) hatte von der Regierung Geld für die ganze Region erhalten und kam mit seinem Stellvertreter zu uns nach Moskau, um zu verhandeln. Wir empfingen sie mit allen Würden in einem ausgesuchten, angesagten Restaurant. Die mobilen Telefone, damals noch mit Antenne, quadratisch, schwer, schwarz, von der Form ähnlich wie ein mit Geldscheinen ausgestopftes, pralles Portemonnaie, wurden am Eingang eingesammelt, um zu verhindern, dass lautes Klingeln die vornehme, elegante Atmosphäre des Saals, wo leise klassische Musik erklang, störte. Im Falle eines Anrufs hatte der Kellner die Aufgabe, den Anruf entgegenzunehmen und dann das Telefon auf einem silbernen Tablett dem Angerufenen zu servieren. Und so lief der Kellner hin und her, Herrn Petrow hinter professionellem Lächeln verfluchend. Und ich versuchte derweil, den Gästen die Vorzüge des badischen Weins und der Weinlagen meiner Heimat zu vermitteln, den vorzüglichen Weißen, der in diesem Restaurant angeboten wurde, aus dem Hause eines besonders berühmten Winzers. Die Weinkarte war natürlich erlesen, aber weil sich Gäste vom Schlage eines früheren „Genossen" Petrow ohnehin nicht auskannten, wurde in dem Restaurant schlauerweise eine weitere Karte offeriert, „Für Kenner", wo die teuersten Weine des Sortiments aufgeführt waren, und natürlich griff die Hand eines Menschen, der nichts von Wein versteht, dafür aber seine eigene Bedeutung äußerst hoch einschätzt, nach dieser zweiten Karte. Herr Petrow ließ verlauten, dass er erst entscheiden müsse, ob er Fleisch oder Fisch speisen werde, erst dann würde er den Wein wählen. Er zögerte etwas, bestellte Fisch und dazu Rotwein: Bordeaux, 470 DM die Flasche. Es gab nichts Teureres auf der Karte.

Der Wein schmeckte ihm natürlich nicht, man liebt ja die stärkeren Prozente. Wir gingen also zu Cognac über (der wird nicht getrunken, sondern „gekippt"). Und es schien so, dass wir uns mit diesen Beamten über alles geeinigt hatten, als sie plötzlich, von einem Tag auf den anderen, unerwartet ihrer Posten enthoben wurden.

An Petrows Stelle kam jetzt ein anderer Mensch, ein sehr wichtiger Beamter von regionaler Bedeutung, Herr Komarow. Wir fanden mit unserem „sibirischen Projekt" sehr schnell auch sein Interesse, denn er war in die Gespräche mit dem Entlassenen schon eingebunden gewesen und forderte nun die Realisierung des Projekts. Herr Komarow wurde zu Verhandlungen nach Freiburg gebeten und folgte mit großem Vergnügen dieser Einladung.

Komarow war schon relativ betagt und sah so aus, als hätte man ihn mit etwas Schwerem geschlagen, und zwar von oben: Er hatte einen kurzen, dicken Hals, der restliche Körper wirkte genauso. Er kam zu unserem Erstaunen mit seiner Geliebten Lidija angereist, etwa zwanzig Jahre jünger, eine gut gebaute Brünette mit bleicher, durchscheinender Haut und rätselhaft wirkendem Blick.

Es braute sich einiges zusammen. Ein riesiges Projekt, bei dem die Herstellerfirma die von mir angenommenen Bestellungen nicht mehr allein bedienen konnte, ich musste daher andere Hersteller dazunehmen. Dazu gründete ich in Deutschland eine weitere Firma, um mit diesen sechs neuen Firmen in einem mir bislang wenig bekannten Feld zu agieren, nämlich im großen Finanzierungsgeschäft. Denn es musste nun mit dem sibirischen Geld eine riesige Menge verschiedener Ausrüstungsgegenstände gekauft und deren Lieferung organisiert werden, wobei die Verantwortung für die Durchführung und damit den Erfolg des Projekts ausschließlich bei mir lag. Mit solchen Aufgaben war ich noch nie befasst gewesen, bis dahin hatte ich auch niemals mit Thermolastwagen zu tun gehabt, die sicherstellen, dass die teuren elektronischen Apparaturen den ganzen Transport über nicht einfrieren, und auch nicht mit Satellitentransporten, deren Stationen und Reiseroute von einem Satelliten verfolgt werden, oder auch nicht mit den hohen Prozenten an Bestechungsgeldern, die Bedingung für die Durchführung des Projektes waren ... Arbeit, nichts als Arbeit am Horizont, aber die Arbeit selbst fürchtete ich nicht. Was ich fürchtete, waren die Unterwasserriffe, die man nicht vorhersehen konnte. All das war wie eine ungute Vorahnung – nicht zu erklären.

Zu dieser dunklen Vorahnung kam dann noch ein Albtraum, der mich immer wieder nachts plagte: Ich fliege zusammen mit anderen Menschen, die ich geschäftlich kenne, und diese anderen Menschen fliegen immer höher, immer höher ... Als ob es ein Wettbewerb für Leichtigkeit und Furchtlosigkeit wäre, als ob nur durch solche Furchtlosigkeit das zu erreichen wäre, was man vielleicht als ein „Alles ist erlaubt" bezeichnen könnte, als ob nur dadurch die unerreichbare, kalte Höhe zu erklimmen sei. Aber ich – ich will das nicht! Ich will nicht noch höher fliegen, das ist gefährlich, das ist dumm, aber wie zur Strafe für meinen Widerstand verliere ich auf einmal meine Fähigkeit zu fliegen: Ich stürze ab. Ich stürze ab, rege mich dabei maßlos über die Ungerechtigkeit auf – und falle direkt auf Gleise! Und in diesem Augenblick braust schnaubend und heulend eine Lokomotive heran, zermalmt mich und verwandelt mich in einen blutigen Fleischklumpen. Aber dann werde ich zu einer ganz anderen Person, und diese Person, die das alles beobachtet hat, hebt das auf, was von mir übrig geblieben ist, nimmt mich mitfühlend und zärtlich in die Arme. Und sie sieht, dass dieses Wesen ein kleines Mädchen ist, fast noch ein Kleinkind: verletzt, zerstört – aber am Leben!

Es wurde mir bald klar, dass dieses sibirische Projekt kein gutes Ende nehmen würde. Aber zugleich hatte ich die Gewissheit, dass dieses Mädchen aus meinen Albträumen jedes Mal überlebt. Und dieses lebensbejahende Finale hielt mich aufrecht, trotz all der wahnsinnigen Dinge, die auf mich zurollten, und trotz der übergroßen Arbeitsbelastung.

Die Russen hoffen häufig auf „etwas Besseres" oder auf „Gottes Willen". Wir aber, die Deutschen, wir bevorzugen es zu planen: genau und detailliert. Und wenn sich dann der Wirbelwind der Spontaneität erhebt, wenn das Unerwartete hereinbricht und die Blätter unseres sorgfältig geführten Kalenders durcheinanderwirbeln, ja dann fangen wir an, nervös zu werden. Und manchmal erweist sich diese ganze Planerei als völlig unsinnig angesichts des Lebens, das alle Pläne ignoriert, die Hoffnung auf Verbesserung als naiv entlarvt und den Willen Gottes einfach nur als ungerecht erscheinen lässt, egal, ob du Deutscher bist oder Russe.

Die Sattelschlepper fuhren dorthin, wohin sie sollten, und lieferten alles, was bestellt worden war. Fast alles, was in die sibirischen Kliniken gebracht werden sollte, erreichte heil seine Adressaten. Der „Begleitprozess" lief ununterbrochen: Papiere, Anrufe, Kliniken, Transportunternehmen, Zoll … Wir unterfütterten alles mit neuen Verträgen, die Kunden bezahlten, die Firmen lieferten, Bargeld wurde nach Moskau geschafft, um den dortigen Bürobetrieb zu finanzieren, auch die Kosten für Flüge und Verträge … Edik lieferte nun gar keine Abrechnungen und Rechenschaftsberichte mehr, forderte nur immer mehr Bargeld. Ich spürte, dass wir uns trotz des äußeren Erfolgs in einen durchaus kritischen Zustand hineinbewegten, meine

Träume hatten mir signalisiert, dass unausweichlich etwas Derartiges kommen würde.

Stopp, du schweres Mühlrad, stopp. Lange Jahre hatte ich widerspruchslos „mein Moskau" mit Bargeld gefüttert, auf Vertrauensbasis, ohne zu prüfen. Jetzt aber musste Schluss sein. Zum ersten Mal schlug ich jetzt meinem Partner etwas ab. Stopp, Edik: Zuerst lieferst du mir eine vollständige, detaillierte Abrechnung über die bereits bezahlten Summen.

Edik aber verfiel in bedrohliches Schweigen.

Genau zur selben Zeit stellte sich heraus, dass mein Steuerberater hier in Freiburg, der zugleich mein Berater und Buchhalter war, mehr noch, verantwortlich für die Bereitstellung aller Steuerprüfungsunterlagen beider Firmen, dass dieser Mensch nicht einmal die Hälfte seiner Aufgaben erfüllt hatte. Er hatte nichts geklaut, das nicht, aber er hatte sich einfach nicht mit seinen Klienten, darunter auch ich, beschäftigt. Er hatte seine Augen verschlossen vor ihren Angelegenheiten. Kurz gesagt, wofür er verantwortlich war und wofür er von mir regelmäßig sein Geld bekommen hatte, hatte er schlicht nicht erledigt. Ich entdeckte, dass Steuererklärungen nicht rechtzeitig abgegeben worden waren, dass ich dafür Strafe zu zahlen hatte, einige Steuern waren sogar überhaupt nicht abgeführt worden. Ich hatte mir nicht vorstellen können, dass so etwas hier vorkommen kann, bei uns, in meinem Deutschland, wo alles in geordneten Stapeln liegt, wo scheinbar alle gesetzeskonform agieren, wo man selbst noch in tiefer Nacht bei einer roten Fußgängerampel stehen bleibt.

In der Hitze der ununterbrochenen Büroarbeit hatte ich mich jetzt also auch noch mit buchhalterischen Arbeiten zu beschäftigen, hinzu kam der Wechsel des Steuerberaters. Ich wohnte damals in einer Wohnung über meinem Büro, sodass ich direkt aus dem Bett zur Arbeit eilen konnte und nach der Arbeit, über einige Stockwerke hinweg, dann sofort ins Bett fiel. So arbeitete ich wie ein Roboter. Frühmorgens trank ich eine Tasse Kaffee, rauchte dazu zwei Zigaretten, um mich sofort wieder in die Hölle meines Büros zu begeben.

Der Postbote fuhr mit seinem vollbeladenen Fahrrad immer direkt zu meinem offenen Fenster, um mir lächelnd die Post durchs Fenster zu reichen … Ich schaute ihm meist mit der Sehnsucht einer Eingekerkerten nach, die aus ihrem Fensterchen einen Zipfel der Straße erblicken kann, auf der sorglose Passanten schlendern, oder in der Luft eine Schwalbe, die gedankenlos und frei mit ihrem Flug den Himmel durchschneidet. Wie gerne hätte ich mit diesem Postboten getauscht! Alles würde ich ihm geben … Er soll all mein Geld nehmen, mein Büro mit den schicken Möbeln, von mir aus auch das ganze Geschäft: Papiere, Rechnungen, Übersetzungen, Überweisungen, Transporte, Controlling, Verträge, Unterschriften. Mir gebt nur das gelbe Fahrrad, diese Freude und diesen Frühling im Freien!

Eines Tages gehe ich wieder ins Büro hinunter, so wie immer, frühmorgens, zucke jedoch zusammen, als ich die Türe öffne. Aus dem Faxgerät schlängelt sich Papier und bedeckt schon den Boden durch das ganze Zimmer hindurch. Sechsundzwanzig Kündigungen meiner Mitarbeiter im Moskauer Büro.

„Für Sie ändert sich nichts, alles bleibt, wie es ist", erklärt Edik auf diesen Papieren seinen Mitarbeitern, „nur von diesem Tag an werde ich Ihr Chef sein."

Im Sessel, ein Bein über dem anderen, sitzt er dann tatsächlich selbst, Edik, mit frechem, undurchdringlichem Gesicht. Er trägt einen tadellosen Anzug mit einer seiner schicken Krawatten, die er in einem Spezialgeschäft in Frankfurt auszuwählen beliebte, und zwar nur dort. Gelb mit blauen Tupfen. Auf einem Stuhl, näher zum Schreibtisch, ein anderer Mann, in strenger Pose, distanziert wirkend, Rechtsanwalt Schulz, wie er mir von Edik vorgestellt wird.

„Es ist vorbei", sagt Edik. „Wir trennen uns, von diesem Moment an arbeite ich allein."

Ich gehe nach oben in meine Wohnung und setze mich auf den Rand des Sofas. Ich greife zum Telefonhörer und rufe meinen Freund, einen Juristen, an. Er empfiehlt mir, keinesfalls noch ein einziges Wort mit Edik zu wechseln, nur in Anwesenheit meines Anwalts, aber ich habe ja gar keinen „eigenen" Anwalt.

Ich weiß nicht mehr, wie, aber irgendwie überlebte ich diesen Tag. Ich erinnere mich nur, dass ich in den folgenden Tagen Angst hatte, auf die Straße zu gehen, allein der Gedanke, dass ich Edik treffen, dass Edik vielleicht, ja sogar wahrscheinlich noch hier sein könnte, ließ mich in blankes Entsetzen verfallen.

Und dann kam unverzüglich die Mitteilung des Exportdirektors der Herstellerfirma, in deren Namen wir agierten, dass sie ihre Zahlungen an meine Firma einstellen würden, bis die Situation geklärt sei. Es waren die zugesagten Zahlungen an mein Unternehmen, das nun alle Mitarbeiter verloren hatte. Alles hatten sie genau kalkuliert und vorbereitet. Und der Rechtsanwalt, der in den Diensten von Edik stand, war allem Anschein nach vom Exportchef dieser Firma empfohlen worden.

Mein Albtraum versprach mir das Überleben.

Einstweilen suchte ich nun ein gutes Anwaltsbüro, in dem die widerwärtige Suppe der „Vermögensverteilung" zwischen Edik und mir gekocht werden sollte. Ich wurde die Geschäfte nicht los, sosehr ich auch davon träumte. War durch Verträge gebunden, durch Garantien, Zusagen. Und die Zeit eilte davon. Ich konnte meine schwierige Lage auch nicht mit Freunden besprechen, sie hatten sich nämlich ohnehin immer sehr skeptisch über die Entwicklung meiner Geschäfte geäußert. Noch weniger konnte ich mich meiner Familie gegenüber offenbaren ... Meine Mutter hatte immer wieder gestöhnt: „Ach, was machst du denn dort in diesem Russland, was du dir immer ausdenkst!" ... Ich hatte mich doch auch so schon immer wieder rechtfertigen müssen, dass meine Wahl auf Russland gefallen war, und jetzt sollte ich also öffentlich bekennen, dass alle recht gehabt hatten? So weit kommt es noch ... Ich versuchte, mich mit aller Kraft zu halten, die Abende in fröhlicher Gesellschaft zu verbringen, in der nicht über Geschäfte gesprochen wurde. Die eingefrorenen Verbindlichkeiten der Herstellerfirma mir gegenüber blieben bestehen, und der sibirische

Vertrag konnte damit auch nicht in allen Punkten erfüllt werden, und zwar gerade im wichtigsten Punkt nicht, jenem Punkt also, der weder in Verträgen noch in Abrechnungen existiert. „Nützliche Aufwendungen" …

Zu diesen Zeiten war das eine lebensbedrohliche Situation. Auch für mich.

Lidija (1997)

Sie trug einen zarten und zugleich erregend wirkenden Namen, so wie feines Zitroneneis: Lidija. Sie wirkte eigentlich sympathisch und gescheit. Und wenn man nicht an die Umstände dachte, die sie vermutlich in die Arme unseres prominenten sibirischen Kunden Komarow geführt hatten, wäre es ein Leichtes gewesen, sich mit ihr zu unterhalten und sich sogar anzufreunden. Lidija war aber nicht nur eine schmucke weibliche Begleitung für einen Mann von Wichtigkeit, sondern sie war auch von gewisser gesellschaftlich-politischer Bedeutung im Bereich der Gesundheitsfürsorge. Außerdem leitete sie ein eigenes Unternehmen.

Schon bald nach unserer Bekanntschaft erkrankte Lidija ernsthaft. Ein Gehirntumor. Eine solche Krankheit ist natürlich immer eine große Belastung im Leben eines Menschen. Für eine Karriere im russischen gesellschaftlich-politischen Leben aber bedeutet eine solche Diagnose den sicheren Tod. Deshalb schickte man Lidija, die sich auch selbst nicht das Ende ihrer Karriere vor ihrem eigenen Ende gestatten wollte, in geheimer Mission zur Behandlung nach Deutschland, das heißt zu mir. Von dieser Aktion wussten genau drei Menschen: ihr Ehemann, ihr Geliebter und ich.

Warum ausgerechnet ich? Vermutlich deshalb, weil ich vertrauenswürdig war. Ein Geheimnis bewahren konnte. Viele gute Ärzte kannte. Und … weil ich wegen des sibirischen Geschäfts auch irgendwie in der Pflicht stand (obwohl dieses Geschäft zu diesem Zeitpunkt noch gar nicht endgültig zustande gekommen war). Komarow ordnete an, dass alle Kosten für die Behandlung Lidijas aus der zu „erwartenden" Summe beglichen werden sollten.

Das Zustandekommen eines Geschäfts ist immer ein langer Prozess. Aber die völlige Neuausstattung aller Operationssäle und Intensivstationen in einer ganzen Region – eine besonders langwierige Geschichte ... Jetzt aber ging es darum, schnell aktiv zu werden, nämlich einen Menschen zu retten. Lidija wohnte jetzt bei mir. Ich machte sie mit meinen Freunden, mit meiner Mutter bekannt. Ich führte die Gespräche mit den Kliniken. Begleitete sie zu allen Untersuchungen, übersetzte für sie alles, was die Ärzte und Krankenschwestern sagten, Wort für Wort, hielt ihre Hand, wenn die Narkose sie ins Reich der Träume beförderte. Saß an ihrem Bett, wenn sie langsam wieder aufwachte. Organisierte für sie Rehamaßnahmen nach der Operation. Fuhr mit ihr in die Natur. Suchte mit ihr gemeinsam eine Perücke aus. Natürlich konnte ich für all das keine Firmengelder nehmen, das heißt, ich bezahlte alles aus eigener Tasche.

Als die Behandlung abgeschlossen war und Lidija sich anschickte, ihre Koffer zu packen, um nach Hause zurückzukehren, war schon langsam der Winter im Anzug. Weihnachten stand vor der Tür, und unsere Stadt war schon in den Zauber des festtäglichen Wunders gehüllt. Aus den Schaufenstern, die mit Zweigen und Lichtern geschmückt waren, blickten uns Engel entgegen, Schafe und Hirten umringten die Heilige Familie auf Stroh in schönen Krippen, auch die Heiligen Drei Könige näherten sich bereits, auch sie aus Holz geschnitzt. Auf den Plätzen verkaufte man Glühwein und Zuckerwatte, auf dem Karussell liefen Pferdchen im Kreis. Die Menschen bewegten sich mit freudigen Gesichtern auf den Plätzen und Straßen der Stadt, in ihren Händen Tüten und Pakete mit Geschenken.

Lidija fuhr völlig geheilt nach Hause. Einen Tag vor ihrer Abreise lud ich den Chirurgen, der sie operiert hatte, zusammen mit seiner Frau zum Abendessen ein, zu mir nach Hause. Vorm Fenster schneite es etwas, der Schnee schmolz gleich wieder, sobald er das Glas berührte. Lidija dankte uns unter Tränen. Ich hatte mit ihr drei Monate verbracht, praktisch täglich, ohne Trennung, und fühlte mich ihr jetzt auch in enger, warmherziger Freundschaft verbunden. Beim Abschied umarmten wir uns fest und versprachen uns gegenseitig, uns möglichst bald wiederzusehen.

Und tatsächlich kam es dann im Frühjahr, sogar völlig unerwartet für mich, zu einem neuerlichen Treffen. Ein sehr knappes Gespräch beim Tee in meinem Freiburger Büro. Wenn es uns möglich wäre, Einfluss auf das Vergangene zu nehmen und eine Episode aus unserem Leben zu streichen, aber nur eine einzige: Ich würde diese Begegnung wählen.

Es war einer der letzten Apriltage, die Stadt blühte reich in Wärme und Farben, als völlig unerwartet Lidija auf der Schwelle meines Freiburger Büros erschien. Ich ließ einen Schrei los, wollte sie umarmen … Aber sie wirkte sehr distanziert, wie eine Fremde. Ich aber, ich sah keine andere Möglichkeit, als ihr meine Freude dadurch zu zeigen, dass ich ihr Komplimente machte, über ihr gutes Aussehen, ihre offensichtliche Gesundheit und ihre Energie.

Beim Tee klärte sie mich dann über den eigentlichen Grund ihres Besuchs auf. Die „nützliche Sonderzahlung", jenes Geld also, das sich nie in offiziellen Verträgen findet, sollte umgehend gezahlt werden. Komarow bereite sich auf Wahlen vor, das erfordere große Summen.

Ich versuchte zu erklären … mein russischer Partner Edik habe mich verraten, die Zahlungen aus dem Vertrag an meine Firma seien gestoppt, ich stünde vor einer gerichtlichen Klärung, hätte zumindest jetzt kein Geld … Ich versuchte einen Ton zu finden, wie er zwischen Menschen angemessen ist, die einander in einer freundschaftlichen Beziehung verbunden sind und nicht geschäftlich agieren, verstand aber sehr schnell, dass dies nicht der richtige Ton zu sein schien. Lidija unterbrach mich. Kalt und dabei seltsam lächelnd:

„Das interessiert niemanden. Du kennst die *Regeln*. Ich bin hierhergekommen, um dir zu sagen, dass niemand verhindern wird, dass die *Regeln* angewandt werden."

Sie knallte die Tasse auf die Untertasse. (PENG, hallte es in meinem Kopf.)

Und plötzlich neigte sie graziös ihren Kopf in Richtung des geöffneten Fensters, atmete ein und mit einem leichten Stöhnen wieder aus, so, als ob sie sich am Vogelgesang erfreue oder auch einfach daran, dass das Gespräch jetzt seinem Ende entgegensteuerte.

„Ich bin gekommen, dich zu warnen."

Dann griff sie nach ihrer Handtasche und zog lautlos die Türe hinter sich zu.

In dieser Nacht hatte ich wohl – wie soll ich sagen – einen Nervenzusammenbruch. Nein, Nervenzusammenbruch ist zu wenig. Ich hatte blanke Angst. Nicht vor dem Tod, auch nicht vor einem Überfall in einer dunklen Gasse, auch nicht davor, dass man mit einer schallgedämpften Pistole durch das geschlossene Fenster auf mich schießen würde, so wie das in Gangstergeschichten vorkommt, wo Glassplitter mit Gehirnfetzen und Blut ein beeindruckendes Bild an der Wand formen. Nein. Das war es nicht. Es war mehr. Die Angst, wahnsinnig zu werden. Ich versuchte, alles Geschehene zu verdrängen, obwohl mir eines klar war: Es ist alles genau so geschehen. Aber ich konnte das einfach nicht an mich heranlassen, und gleichzeitig schien mir, dass ich, sobald ich dies akzeptieren, gar in mich eindringen lassen würde, eines sofort eintreten würde: Ich würde den Verstand verlieren.

All das konnte nicht wahr sein.

Irgendwohin flüchten, mich irgendwo verstecken? Ja, wahrscheinlich. Aber … dieses Gesicht! Diese Augen! Diese Hände, die ich in meinen gehalten hatte – und dann diese Worte!

Bis heute will ich glauben, dass es ihr nicht leichtgefallen ist, diese Worte auszusprechen.

Sprache als Schlüssel (1989)

Ich habe immer davon geträumt, Russisch so gut zu verstehen, dass ich mich an Wortspielen erfreuen und genau dann lachen kann, wenn auch die Russen lachen. Das war mein großes Ziel.

Ich war immer wieder erstaunt, mit welchen Gesichtsausdrücken russische Menschen auf den Straßen zu sehen sind, immer den Eindruck erweckend, als seien sie unzufrieden, genervt gar. Wie schauen dich Beamte an, die dich nicht persönlich kennen, brrr …! Als ob man ihnen Geld schulde … Aber sobald du dich mit Russen anfreundest, mit ihnen direkten Umgang hast, mit ihnen an einem Tisch sitzt – wie sie dann scherzen und lachen, sich gegenseitig auf die Schippe nehmen und, was das Wichtigste ist, vor allem sich selbst.

Der gemeinsame Tisch, das ist eine eigene Schule der russischen Sprache. Dort hört man neben Witzen viele weitschweifige Reden und Trinksprüche, und das alles immer sehr ausgefeilt, aber immer mit dem Anlass des Treffens oder der Einladung verbunden. In Deutschland ist diese Art von Trinksprüchen nicht üblich, deshalb weiß man am Ende eines Abends oft auch nicht, zu welchem Anlass man eigentlich zusammengekommen ist. Russen können gegen Ende eines Abends manchmal auch alles vergessen, aber das hat dann andere Gründe.

Natürlich kann man nicht alles auf einmal lernen. Nachdem ich die einfachsten sprachlichen Hindernisse überwunden hatte, wandte ich mich Schwierigerem zu, interessierte mich immer mehr für die Feinheiten. Sagt bitte, was heißt denn eigentlich „zhopa"? Ich finde das nicht im Wörterbuch (heute weiß ich natürlich, warum: Es ist die auch bei uns sehr ordinäre Bezeichnung für den Hintern). Und warum lachen alle, wenn ich bei einem Gast den leer gegessenen Teller mit der Frage abräume: „Kontschili li Vy?", wie man im Deutschen sagen würde: „Sind Sie fertig?" Im Russischen entspricht dies aber dem deutschen „Sind Sie gekommen?". Offenbar hatte meine Frage etwas mit Orgasmus zu tun …

Ein anderes Mal, es war beim Aufbau eines Messestands für medizinische Geräte, sagte ich – noch ohne wirklich ausgeprägte Kenntnisse der sprachlichen Feinheiten – so etwas in der Richtung, dass bei einer Firma zwei Bierkästen „sich verpisst" hätten, was dazu führte, dass man mich entgeistert anstarrte und wie gelähmt war. Aber was soll ich denn machen, wenn ich mir neue Wörter sehr gut merken kann. Es kam aber natürlich darauf an, wann man solche Begriffe verwenden sollte. Und wann eben nicht.

Mich hat immer die Redewendung aufgeregt, die da heißt: „Die Sprache ist ein Mittel zur Kommunikation." Was für ein mechanischer Zugang zu diesem Schatz, den wir von unseren Vorfahren geschenkt bekommen haben! Aber wenn man alle Lyrik und Romantik vergisst, so muss man doch feststellen, dass drei Sprachen tatsächlich so etwas wie drei Instrumente sind. Und vier Sprachen – vier Instrumente! Und mit vier Instrumenten in der Hand kann man schon so manches Schloss knacken. Du musst einfach nur aus deiner Tasche den passenden Schlüssel ziehen: Wenn du dich vor irgendeiner Schikane beim Zoll schützen willst oder im Hotel besseren Service willst – dann entscheide dich umgehend für die Rolle der Ausländerin, und schon wird man dich anständig behandeln (was ist denn das eigentlich für ein Land, das seine eigenen Leute systematisch schlechter behandelt als Ausländer?). Heute, in einer Zeit, in der in Russland wieder der Nationalismus blüht und man sich für Krieg gegen einen Nachbarstaat entschieden hat, mag das anders sein.

Willst du dich mit Russen anfreunden, dann mach das nicht auf Englisch, sondern sprich russisch, denn die Russen sind einfach die Verkörperung ihrer Sprache. Wenn du durch die Halle eines Hotels für Ausländer gehst (in solchen Hotels fanden üblicherweise russische

Prostituierte ihren bevorzugten Arbeitsort), und zwei Männer disku-
tieren laut, was du wohl kosten magst, dann schnauz sie so in ihrer
Muttersprache an, dass ihre Brillengläser anlaufen. Willst du aber in
der Valuta-Bar für deine Deutschen Mark einen Kaffee trinken, dann
sprich nicht russisch! Denn sonst läufst du Gefahr, dass zwei Agenten
in Zivil erscheinen und dich fragen, woher du Valuta hast, und dann
noch deine Dokumente überprüfen. Wenn du wiederum Geschäfte
machen willst, dann wähle das Russische. Es ist nämlich so, dass bis
zum heutigen Tag nicht alle Englisch sprechen, seien es Klinikdirekto-
ren, hohe Beamte oder sogar Minister.

Aber manchmal reicht das Sortiment an Instrumenten dennoch
nicht. Man braucht zusätzliche Schlüsselchen, um Ironie von Spott
unterscheiden zu können, Anmerkungen von Anspielungen (die Regeln der deutschen Sprache erlauben leider solche Finessen wie die „Ne-
doskazannost", dieses Andeuten, Nicht-zu-Ende-Sprechen, Alles-offen-
Lassen, nicht). Das alles muss man begreifen, und dann kommt noch
der „Mat" hinzu, dieses ganz spezifische, nicht übersetzbare russische
Fluchen, „Mutterfluchen", wie man dieses Phänomen manchmal auch
nennt. Man könnte nun sagen, wozu soll ich das nun auch noch verstehen …, aber das sind eben nicht nur derbe Flüche, sondern der Mat
kann auch Teil von guten Witzen in einer durchaus gebildeten Gesellschaft sein, und für manche Menschen ist Mat ihre völlig natürliche
Ausdrucksweise. Man kann also sagen, es ist eine ganz eigene Kultur, so
absurd das auch klingen mag. Der Mat kann Fluchen bedeuten, auch
Erzürntsein, er kann sogar zärtlich gebraucht werden oder scherzhaft.
Man kann mit Mat etwas beschreiben, sogar seine Begeisterung aus-
drücken … Der Mat ist sozusagen ein Universalgewürz. Wenn man ihn
mit Verben, Redewendungen, Ausrufen garniert – unglaublich, diese
Wirkung! Aber wehe, wenn du so etwas dann auch im Deutschen probierst.

Der vielleicht interessanteste Moment im Prozess der Aneignung
des Russischen waren die „gegenläufigen" Ausdrucksweisen. Als ich
das langsam kapierte, war ich wirklich erstaunt, wie sehr diese Aus-

drucksweise von Russen gebraucht, ja geradezu geliebt wird: Sie sagen das eine, meinen aber genau das andere. „Ja klar, ich mach das gleich, sofort!" heißt mit ziemlicher Sicherheit: „Ich habe nicht die Absicht, mich vom Fleck zu rühren."

Aber es gibt auch viele, die diese Sprache nicht verstehen. Man hat mir zum Beispiel beigebracht, dass es nicht höflich ist, direkt nach einer Toilette zu fragen. Man fragt also: „Wo kann ich die Hände waschen?" Einmal, auf einem kleinen Flughafen in der Nähe von Krasnodar, fand ich mich gemeinsam mit anderen Passagieren mehr oder weniger eingesperrt am Gate, von dem aus es einen einzigen Weg gab, direkt auf das Flugfeld. Ich aber musste dringend „meine Hände waschen". Ich ging auf das Flugfeld hinaus und lief an einer langen Reihe von Technikgebäuden entlang.

Ich fragte einen Arbeiter, wo ich denn „die Hände waschen" könne. Er zeigte mit der Hand in eine Richtung, ich ging also weiter. Dort stand noch ein Arbeiter. Ich fragte noch einmal: „Bitte, kann man hier die Hände waschen?" Er kapierte offenbar, dass ich es eilig hatte. „Kommen Sie", sagt er, „ich zeige es Ihnen." Das Ganze war im Sommer. Unerträgliche Hitze. Der Mann führt mich in einen großen Umkleideraum: Metallschränke, Bänke, Gestank von Schweiß … Wenn der Drang nach dem „Händewaschen" nicht so groß gewesen wäre, hätte ich mich langsam fürchten müssen. Plötzlich aber bleiben wir stehen. Inmitten der Metallschränke ein kleines Waschbecken mit einem Hahn in der Form eines verkrüppelten Fingers. „Bitte sehr!"

Da war nun nichts mehr doppeldeutig.

Und nur einmal passte kein einziger Schlüssel mehr: Man hat sich einfach geweigert, mich zu verstehen. So, als ob ich versucht hätte, einen Schlüssel in eine gemauerte Wand zu stecken.

Unsere Deutsch-Sowjetische-Gesellschaft (heute West-Ost-Gesellschaft) suchte Ende der 1980er-Jahre für Freiburg eine sowjetische Partnerstadt. Das war nicht einfach, denn diese Partnerstadt sollte zu Freiburg passen, nicht nur von der Einwohnerzahl her (Freiburg hat etwa zweihunderttausend Einwohner), sondern auch mit Blick auf die kulturelle Infrastruktur, also eine solide Universität, ein Opernhaus, Theater, Museen, Konzertsäle ... Lange fanden wir nichts Passendes, und schließlich wurde uns Lwow, Lemberg, vorgeschlagen. Früher, zu Zeiten der Habsburger Monarchie, war Freiburg der westlichste Punkt des Reiches gewesen, Lemberg dagegen der östlichste. Die Vertreter von Kultur und Bildung machten sich also auf den Weg, der Rektor der Universität, der Intendant des Theaters, der Direktor des größten Museums ... und ich als stellvertretende Vorsitzende der Deutsch-Sowjetischen-Gesellschaft und als Dolmetscherin.

Wir fuhren also vom Punkt F zu Punkt L. Nicht ohne Probleme, nicht ohne Vorfälle. Als ob es die vorbereitenden Schritte nicht gegeben hätte, wusste bei unserer Ankunft niemand in der Stadtverwaltung von unserem Besuch, geschweige denn von unserer Absicht, eine Städtepartnerschaft zu begründen. Nicht einmal ein Hotel war für uns, die hochrangige, etwa zwanzig Menschen umfassende Delegation, reserviert. Wir standen recht hilflos auf dem Rathausplatz der Stadt, wo schließlich ein reizender Mitarbeiter der Stadtverwaltung sich unserer annahm und mit dem landestypischen Organisationstalent alles für uns regelte.

Der holprige Start war bereits nach einem Tag vergessen. Wir wurden uns schnell einig. Nach der Unterschrift unter den Partnerschaftsvertrag in Freiburg reiste eine offizielle Delegation dann zum zweiten Mal nach Lemberg, um auch dort den Vertrag feierlich zu unterschreiben. Da war die Überraschung perfekt: Der Platz vor dem Rathaus platzte fast vor Menschen. Die Regierung hatte kurz vor unserer Reise, im Sommer 1991, zur Abstimmung gerufen: Ob man in der Sowjetunion verbleiben oder austreten wolle. Und die Stadt Lemberg, die sich jetzt offiziell Lwiw nannte, hatte sich tatsächlich als erste Stadt der Ukraine für unabhängig erklärt: Unter allgemeiner Begeisterung wurde die gelb-blaue Fahne gehisst, und wir schritten mitten durch den revolutionären Wirbel des historischen Moments in das Rathaus und unterzeichneten den Vertrag ... mit einer *ukrainischen* Partnerstadt. Das hatte nun wirklich niemand erwartet.l (1989)

Und der Vertrag wurde tatsächlich mit Leben gefüllt. Es kam zu einem regen Austausch zwischen den Universitäten und Schulen, Hilfsmaßnahmen wurden organisiert, um Lwiw, wie die Stadt nun hieß, in der schweren Krise zu helfen … Ganze Lastwagenzüge wurden vom Roten Kreuz losgeschickt, mit elektrischen und technischen Geräten, Spezialisten aus Freiburg machten sich auf den Weg, um an der Verbesserung der Wasserversorgung zu arbeiten … Sogar eine Suppenküche wurde eröffnet, zur Unterstützung von Darbenden und Obdachlosen …

Beim nächsten Aufenthalt in Lwiw sprach man mit mir, also mit mir als Dolmetscherin, nicht mehr, einfach gar nicht mehr. Ich schlug Englisch oder Französisch vor, aber diese Sprachen beherrschte man nicht, und die russische Sprache wollte man aus Stolz nicht mehr benutzen. Das war sehr seltsam, die Sprache sollte doch eigentlich ein Kommunikationsmittel sein, aber sie weigerten sich, diese Sprache zu gebrauchen. Und ich wurde zu einer „moskal", einer Moskauerin, Russin, sehr seltsam!

Aber der Austausch funktionierte dennoch. Und auch die Partnerschaft wurde von niemandem infrage gestellt. Wenn ich nach Italien fahre und nur „bon giorno" sage, dann freuen sich die Menschen. Und so nahm ich mir ein Herz und kam unseren Partnern entgegen, schließlich heißen im Russischen solche Partnerstädte ja „Verbrüderungen" … Ich wurde also beim Bürgermeister der Stadt Lwiw vorstellig, und er organisierte für uns einen Ukrainischkurs. Eine ganze Woche lang. Ich drückte, ganz brave Schülerin, die Schulbank, und in der Freizeit lernte ich ukrainische Lieder: traurige, wunderschöne … Nach einer Woche konnte ich in der Regel ein Gespräch in Ukrainisch beginnen und dann, ganz langsam, nachdem etwas Vertrauen zu meinem Gesprächspartner aufgebaut war, zum Russischen übergehen.

Aber irgendwie war für mich die ganze Partnerschaftsgeschichte mit dieser kategorischen Ablehnung alles Russischen verdorben. Es mag ja gut und schön sein, seine Nation zu lieben. Aber die Grenze zwischen Patriotismus und Nationalismus ist sehr fließend …

Racheengel (1998)

Man sagte mir, es gebe einen Juristen, der spezialisiert sei auf schwierigste Fälle. Ein unglaublicher Mann. Absolut herausragend. Ein Gigant auf seinem Gebiet.

Es war ein eher ungemütlicher Morgen, so früh, dass es noch finster war, ich aber saß schon im Zug und blickte auf mein Spiegelbild im dunklen Fenster des Waggons. Von draußen schlug Regen an die Scheibe. Ich schmiegte mich gedanklich an mein Spiegelbild, und mir war eigentlich nur nach Weinen. Aber wir beide, mein Spiegelbild und ich, wir hielten uns zurück, wir weinten nicht, denn weder das gut sitzende Businesskostüm noch das Make-up sollten durch Tränen in Mitleidenschaft gezogen werden, zumindest das war klar. Ich richtete also meinen Blick wieder geradeaus und schaute nicht mehr hin zu diesem schwarzen Fenster. Bald wurde es hell und heller, das Licht im Waggon erlosch, und ein guter Mensch schob sein Wägelchen vor sich her: „Heißer Kaffee ... Kaffee, bitte sehr ..."

Das Treffen war für acht Uhr morgens anberaumt, ziemlich weit weg von Freiburg, in einer großen Stadt mit hochmütigen Wolkenkratzern und Straßen, die sich kaum voneinander unterscheiden. Ein einziges Treffen, mit Mühe ergattert angesichts des übervollen Terminkalenders dieses wichtigen, bedeutenden Menschen.

Das ist er also, dieser Gigant, dieser Frank Böhm. Ein bisschen jünger als ich. Nicht besonders attraktiv. Dünnes Haar. Brillenträger.

Zwei Stunden saß er mir gegenüber und stellte nur Fragen. Im Wesentlichen zeigten schon allein die Formulierungen dieser Fragen, dass er alles verstand. Das wurde mir sofort klar. Und während dieses Gesprächs wuchs in mir ein eigenartiges, Rettung verheißendes Gefühl: Ich stehe unter dem Schutz dieses Menschen. Vom ersten Moment an. Die zwei Stunden flogen nur so dahin. Es waren nun schon mehr als zwei Stunden. Er fragte, er hörte aufmerksam zu, machte sich immer wieder kurze, schwungvolle Notizen. Manchmal, ganz unerwartet, wandte er unvermittelt seinen Kopf zur Seite, als ob dort noch ein weiterer Gesprächspartner säße, dann wieder wandte er mir sein seltsames Gesicht zu. Dann wiederum stand er abrupt auf und ging zum Fenster. Drei, vier Schritte, zurück zum Stuhl. Er sprach in sehr lautem Ton, vielleicht ließ ihn sein Drang nach Gerechtigkeit zu diesem Ton finden:

„Wenn Sie bereit sind, dass Köpfe rollen werden ... dass Menschen ihre Arbeit verlieren ... dass sie Schwierigkeiten bekommen werden ... Wenn Sie bereit sind, in den Krieg zu ziehen – dann übernehme ich Ihren Fall."

Ich schwieg, wollte ihm die Möglichkeit geben fortzufahren.

„Das wird ein langer und vor allem steiniger Weg. Es wird immer schlimmer und schlimmer werden. Aber – wenn man wirklich gewinnen will, dann muss man diesen Weg bis zu seinem Ende gehen, dann darf man diesen Weg nicht verlassen."

Ich konnte nirgends hingehen, nur zurück, aber das hätte auch bedeutet, diesen Schutzschirm zu verlassen. Ich gab mein Einverständnis mit einem Kopfnicken.

„Sie müssen mir versprechen (schon lange hatte ich keinem Mann mehr ein Versprechen gegeben ...), Sie müssen mir versprechen, dass Sie hart bleiben werden, nicht aufgeben werden. Und dass Sie mich nicht bremsen werden!"

Und ich gab diesem eigenartigen Menschen mein Versprechen.

„Und noch etwas. Haben Sie Freunde, die Sie mitten in der Nacht anrufen können?"

Habe ich. Gott sei Dank. Obwohl, ich möchte eigentlich darüber mit niemandem sonst sprechen ...

„Sie versprechen mir also außerdem, dass Sie diese Freunde anrufen werden und nicht mich, wenn Sie nachts nicht schlafen können.

Wenn Sie nichts mehr essen können. Wenn Sie alles hinschmeißen möchten."

Schweigend sah ich ihn an. Sagte dann: „Versprochen."

Als ich eine junge Frau war und als Exportsekretärin in einer großen Firma arbeitete, kam es einmal nach einem Abendessen mit „wichtigen Menschen" zu einem sehr persönlichen Gespräch mit der wichtigsten Person in diesem Kreis, einem älteren Herrn, einer sehr angenehmen Erscheinung mit einem Lächeln, das auf Offenheit schließen ließ. Ich getraute mich daher, ihm von meinem geheimsten Traum zu erzählen, nämlich davon, einmal eine eigene Firma zu gründen. Er meinte daraufhin: „Sie wollen tatsächlich eine wunderbare, Erfolg versprechende, sichere Arbeit aufgeben und sich in gefährliche Gewässer stürzen? Das ist sehr unvernünftig …" Er schwieg und schwenkte versonnen den roten Wein im Glas. „Aber was soll ich Ihnen sagen: Sie hätten das Zeug dazu!"

Dann aber griff er sich an den Kopf und besann sich. Er konnte wohl nicht anders, als mich zu warnen: „Haben Sie eine Vorstellung davon, was es alles an Bösem gibt, was ein Mensch einem anderen antun kann?" (Na ja, vielleicht konnte ich mir das nicht gut vorstellen, denn eigentlich hatte mir bis dahin ja niemand etwas Böses getan …) „Und jetzt stellen Sie sich dieses Maximum an Bösem vor – und dann verdoppeln Sie das! Und dann haben Sie die Hälfte. So ungefähr ist die Geschäftswelt …"

Natürlich glaubte ich das nicht. Nach Hause zurückgekehrt, schrieb ich mit meinem Lippenstift groß auf den Spiegel:

„EIN JA KANN ICH BEKOMMEN, EIN NEIN HABE ICH SOWIESO"

Vielleicht wäre mein Leben anders verlaufen, hätte ich damals eine andere Losung auf den Spiegel geschrieben: „Das Böse x 4 = Business".

Fortan also stand jeden Dienstag und jeden Donnerstag, pünktlich um acht Uhr morgens, Herr Böhm vor meiner Tür. Mein Gott, wie fürchtete ich diese D-Days!

Wir zogen vor Gericht. Gegen die Firma. Gegen Edik. Gegen den Steuerberater. Alle meine Geschäfte und Verträge, die langjährigen Bürovorgänge, die gesamte Buchhaltung, mein ganzes Chaos lag bald gut sortiert in sauberen Stapeln. Jedes kleine handgeschriebene Zettelchen von Edik, jede Quittung musste einem Vorgang zugeordnet werden.

Anfangs wurde mir von Frank vorgeschlagen, ich solle mir doch mein Geschäft und meine Mitarbeiter wieder zurückholen:

„Das Geschäft hat doch goldenen Boden. Und es gehört Ihnen!"

Ich aber sagte: „Nein. Ich will nicht mehr."

Ich wollte nur eines: aufhören. Schluss damit machen. Es war wie ein Begräbnis. Alles, was ich über Jahre hinweg aufgebaut hatte, wurde beerdigt. „Liquidierung" nennt man das. Aus einigen Verpflichtungen und Verträgen aber konnte ich nicht heraus, war daran über mehrere Jahre hinweg gebunden. Parallel dazu liefen schwierige juristische Prozesse.

Frank hatte recht gehabt. Am liebsten hätte ich die Dienstage und die Donnerstage aus meinem Kalender gerissen. Wollte Feuer legen in meinem Büro. Viele Male wollte ich ihn anrufen, um ihm zu sagen, er möge bitte nie mehr bei mir auftauchen. Nur das ihm gegebene Wort hielt mich davon ab.

Und so erschien denn auch weiterhin jeden Dienstag, jeden Donnerstag pünktlich um acht Uhr dieser Frank, bei Sommergewitter, Schneesturm oder Erdbeben. Forderte unbarmherzig die Erfüllung seiner Anweisungen, und zwar vollumfänglich. Und ich musste Briefe nach seinem Diktat schreiben. Einmal hörte ich auf zu schreiben und ließ den Kopf hängen. Sofort raunzte er mich an:

„Schreiben Sie!"

„Ich kann nicht."

„Was soll das? Haben Sie solche Briefe nie geschrieben? Schreiben Sie!"

„Nein. Das werde ich nicht. Das ist furchtbar! Was wird denn da als Antwort kommen?"

„Lesen Sie die Antwort nicht! Leiten Sie sie an mich weiter!"

Ich fürchtete diesen Frank regelrecht. Besonders dann, wenn er ankam, mit seinem Ledermantel, mit den auf seinen Brillengläsern funkelnden Regentropfen. Er aß nie etwas, nichts, von morgens bis abends einfach nichts, nicht einmal einen Kaffee nahm er an. Und manchmal beschlich mich der Gedanke, dass er eigentlich gar kein Mensch sei.

Einmal sagte ich ihm ganz unvermittelt: „Wenn dieser Wahnsinn vorbei ist, dann werde ich mir ein Klavier kaufen, ja, ich werde mir ein Klavier gönnen! Ja!" Er musterte mich mit schneidendem Blick, lachte ganz seltsam auf. Aber ich dachte: „Ja, ein Klavier! Und, was dagegen? Hau du doch ab mit deinen Bilanzen, Abrechnungen, Steuerstrafverfahren!"

So verging das erste halbe Jahr unserer quälenden Zusammenarbeit. Jetzt sollte der erste Verhandlungstag mit der gegnerischen Partei stattfinden, jetzt mussten wir in den Krieg ziehen, um die Worte von Frank zu gebrauchen. Seine Anweisungen waren umfassend, betrafen aber nicht nur mein Verhalten, sondern sogar meinen Stil: „Rock: kürzer. Haare: länger. Absätze: höher!"

Die erste, vielleicht schwierigste Verhandlung gewannen wir. Und plötzlich ... plötzlich verwandelte sich dieser Frank, dieser Böhm, dieser Gigant. Sonst immer so streng, fordernd, lachte er nun, wobei er ganz seltsam seine Schultern auf und nieder bewegte und seine Hände rieb. Er freute sich wie ein Kind. „Wissen Sie was? Wir gehen jetzt ... nein, nicht in ein Restaurant. Wir kaufen jetzt ein Klavier! Ich helfe Ihnen dabei. Ich kenne mich da aus, von Kindheit an. Und ich spiele Orgel in der Kirche, müssen Sie wissen."

In dem Geschäft mit vielen wunderbaren Klavieren setzte sich Frank an eines der Instrumente und peitschte die schwarz-weißen Tasten mit einer Etüde von Rachmaninow, vielleicht zu expressiv, weil er dem Klavier seinen Willen nahezu aufzwang. Dann setzte er sich an ein anderes Instrument, ließ einen Ragtime erklingen, dem dritten Klavier entlockte er schließlich etwas ganz Zartes, Empfindsames.

Er spielte fantastisch. Ein Pianist. Ich hatte das Gefühl, wenn ich jetzt etwas zu sagen versuche, dann lache und weine ich gleichzeitig.

Und während Frank mit dem kundigen Verkäufer sprach, den er sichtlich verwirrte und beeindruckte mit seiner Kompetenz über Produktion und Vertrieb von Klavieren, fand ich ES: mein Klavier. Es klang unter meinen Fingern so, als ob es immer mir gehört hätte. Nur mir. Ich spielte Chopin, den langsamen Teil der *Fantaisie-Impromptu*; den schnellen konnte ich nicht spielen, denn ich hatte seit Langem nicht mehr geübt, so lange, dass ich sogar vergessen hatte, wie wunderbar, wie unglaublich schön das ist … Ich spielte. Und mein Herz taute auf … begann wieder lebendig zu werden. Und wurde frei.

Das Klavier kam also zu mir. Und Frank und ich gingen zum Du über.

Aber bald war es wieder so, dass mich die eingehende Korrespondenz zur Verzweiflung trieb und ich immer wieder mit dem Gedanken spielte, die Regeln zu verletzen, also Frank anzurufen, den ich aber am Wochenende nicht beunruhigen wollte, da er Familie hatte und sonntags Orgel spielte. Ich quälte mich also bis Montag durch und holte mir sofort eine strenge Abfuhr: „Wer macht denn am Samstag Post auf? Man kann doch ohnehin nicht darauf reagieren! Die Briefe öffnen – und sich das Wochenende vergiften, was soll das!"

Manchmal, öfter sogar, kam es vor, dass ich in Panik geriet, nicht mehr klar denken konnte, nicht schreiben, nicht lesen. Dann sagte Frank nur: „Gehen wir!" Und wir gingen vom Büro nach oben in meine Wohnung. Ich setzte mich aufs Sofa, er ans Klavier … Er spielte virtuose Stücke und lobte seinen „bösen kleinen Finger", den der linken Hand. Er spielte einfach großartig. Danach kam ich immer wieder zu Kräften, und er führte unbarmherzig unsere Arbeit an den Unterlagen fort.

Diese endlos scheinende Geschichte mit den Papieren und die Gerichtsverfahren zogen sich über vier Jahre hin. Frank wurde mein Retter und Freund. Und alle Prozesse gingen zu meinen Gunsten aus.

Wenn ich an ihn denke, fühle ich bis heute warme Dankbarkeit. Ich lächle immer, wenn ich die Etüde von Rachmaninow höre, lächle, wenn ich an den bösen kleinen Finger denke. Und manchmal möchte ich, wenn ich auf der Straße einen Menschen im Ledermantel und mit resolutem Schritt sehe, ja dann möchte ich diesen Menschen einholen und ihm ins Gesicht schauen.

Cherchez la femme (1991)

Russische Frauen können sich den ganzen Tag lang ihrem Äußeren widmen. Meine Mutter hätte das einen „dem lieben Gott gestohlenen Tag" genannt. Und zwar nicht, weil sie eine überzeugte Katholikin war. Natürlich war ihr klar, dass es unmöglich ist, dem lieben Gott etwas zu stehlen. Es war einfach so, dass sie der Kunst, eine Frau zu sein, nicht allzu große Bedeutung beimaß und – obwohl meine Mutter diese Kunst hervorragend beherrschte – der Meinung war, dass es sich nicht lohne, sich darüber mit ihren Töchtern auszutauschen, ihnen Tipps, Tricks, Geheimnisse weiterzugeben, kluge Ratschläge für das breite Feld der Beziehungen zwischen Mann und Frau. Das war durchaus typisch, und zwar nicht nur für meine Mutter. Obwohl die Zahl der Modejournale und Zeitschriften für Nähen und Handarbeiten damals geradezu explodierte, gab es keinen Kult um die weibliche Schönheit.

In der Sowjetunion aber war die Situation viel schlimmer. Dort gab es jahrzehntelang angeblich „überhaupt keinen Sex"[1], was allerdings die russischen Frauen nicht daran hinderte, sexy zu sein. Auf alle Fälle war das ihr Ziel.

Russische Frauen erscheinen nie ohne Make-up und Maniküre in der Öffentlichkeit, auch Glatteis hält sie nicht davon ab, hohe Absätze

---

1   Die Worte „Bei uns in der Sowjetunion gibt es keinen Sex …", mit denen eine Teilnehmerin bei einer Talkshow, der sogenannten Fernsehbrücke Leningrad–Boston 1986 ihren Satz begann, führten zu lautem Gelächter und Applaus, in dem der zweite Teil des Satzes „…, bei uns gibt es Liebe" völlig unterging.

zu tragen, und Rucksäcke werden nur auf den Rücken geschnallt, um in den Bergen zu wandern oder mit dem Kanu zu fahren.

Anfang der 1990er-Jahre befand ich mich oft in Gesellschaft von Jägerinnen nach „roten Pässen" (das waren damals die deutschen, schweizerischen und österreichischen Pässe), also in Gesellschaft von fröhlichen, sympathischen jungen Damen, die eine berufliche Anstellung nur aus einem einzigen Grund angenommen hatten: um in die Nähe von Ausländern zu kommen. Diese Frauen ließen bei mir eindrückliche Impressionen zurück. Von diesen Frauen hörte ich, wie man einen Mann „aussuchen" müsse: wie man das Volumen seiner Brieftasche taxiert, das Vermögen und die Immobilien einschätzt, wie man die Chancen beurteilt, ob er seine Familie verlassen wird, und wenn diese Chance besteht, wie man dann verfährt ... Ich wollte meinen Ohren nicht trauen, wie offen und pragmatisch darüber gesprochen wurde, zugleich aber hörte ich mit großer Neugier zu. Die jungen Damen wussten sehr genau, was sie wollten und was sie machen mussten, um ihr Ziel zu erreichen. Wenn ich mit ihnen über meine Einstellung zu Männern sprach, fanden sie das urkomisch, denn ich hatte keinerlei praktische Ansprüche. Der erste Eindruck von seinem Auftreten und seinem Äußeren entschied bei mir, ob ein Mann mir gefiel oder nicht. Aber über seine Herkunft nachzudenken, seine Bildung, sein Vermögen, um danach so etwas wie die Passfähigkeit für mich abzuchecken und nicht einmal ein Problem darin zu sehen, dass er verheiratet ist – nein, nie.

Ich beobachtete sie, wie sie sind, diese russischen Frauen. Viele von ihnen erinnerten mich seltsamerweise an meine Freundin Greta: Ich hatte gedacht, dass solche Frauen, solch eine Mischung aus Eleganz, Zartheit und Koketterie, sehr selten zu finden seien. Und nun stellte sich heraus, dass ich in Russland von solchen Gretas geradezu umgeben war; als ich sie dann jedoch etwas näher kennenlernte, begriff ich, dass ihre Ziele und Prinzipien ganz andere sind. Solange ihr persönliches Leben noch nicht in sicheren Bahnen ist, können sie kaltblütige Eroberinnen sein, mitleidlose Usurpatorinnen. Sobald aber ein Mann ine (1991)ihre Netze geraten ist, sind sie zu jedem Opfer bereit, bereit sogar, sich selbst zu opfern. Denn wenn sie ihn haben, dann baden sie ihren Mann in Liebe, cremen ihn mit Mitgefühl und Verständnis ein, suchen die beste Kleidung für ihn aus und bekränzen sein Haupt mit Lorbeer: Er soll sich als König, nein: als Kaiser fühlen!

Den Männern dagegen werden Herrschaftsallüren schon von Kindheit an anerzogen: Die Mütter machen alles für ihre Söhne, überschütten sie mit Gefühlen, umsorgen sie, umhätscheln sie – um dann den Sohn direkt in die Hände der Ehefrau weiterzureichen. Macht nichts, dass diese Ehefrau jung ist, sie ist auf alle Fälle dazu bereit! Und er, er ist ein fertiger Imperator! Er kann nichts wirklich, hat aber eine Meinung von sich ... Und wenn die Ehefrau aufbegehrt, dass ihr Mann nichts tue, so erzieht sie gleichzeitig ihren Sohn zum nächsten Imperator.

Mag sein, dass das nicht immer so ist, aber es ist doch eine weitverbreitete Erscheinung. Jedenfalls erschienen mir die russischen Männer meiner Generation immer irgendwie wie kleine Söhne. Eine Folge davon ist auch, dass ein russischer Mann (offensichtlich deshalb, weil er von den Frauen immer verwöhnt wird) auch außergewöhnlich aufmerksam gegenüber Frauen ist: Er reicht ihr den Mantel, schenkt Wein ein, kauft Blumen ... Russische Männer stürzen immer herbei, um einer Frau die Türe aufzuhalten, eine schwere Tasche oder den Koffer zu tragen ... Wenn ich bei Tisch aufstand, erhoben sich alle Männer von ihren Sitzen. Das ist doch mal was! Bei uns gibt es das meist nicht mehr. Und vieles andere ist auch ausgestorben: Wozu denn Blumen? Weshalb in den Mantel helfen oder die Türe öffnen?

Es gibt im Russischen und im Deutschen viele Redewendungen und Sprichwörter, die sehr ähnlich sind, und zwar nicht nur dem Sinn nach, sondern zum Teil sogar wortwörtlich. Aber das Sprichwort „Der Mann ist der Kopf und die Frau der Hals" gibt es nur im Russischen. Dieser bescheidene, aber gescheite russische „Hals" (immer in erotischer Unterwäsche) macht keine abrupten Bewegungen, hält den „Kopf" stolz oben und lässt ihn dabei in der Überzeugung, er drehe sich selbst. Und so ist es auch normal, dass dieser Hals manchmal eine gewisse Verachtung gegenüber dem Kopf empfindet, seiner Einfachheit und Naivität gegenüber: immer hoch erhoben, mit den Ohren bis zu den Wolken.

Eine russische Frau, egal, wie müde sie ist, wird, völlig unabhängig von ihrer beruflich hohen Stellung und ihrem teuren Outfit, sofort ein Hauskleid überwerfen, sobald sie nach Hause gekommen ist, wird zum Bügeleisen greifen, die Waschmaschine bestücken, aufräumen. Hauptsache, der Mann kann sich erholen. Und diese Frauen, egal, ob sie Professorinnen sind oder gar Ministerinnen, kochen hervorragend, ich kann das bezeugen, ich habe immer wieder bei ihnen gegessen.

Und natürlich werden Männer mit roten Pässen angesichts solch empfindsamer, gepflegter Frauen Wachs in deren zarten Händen. Und alle diese Rudolfs, Peters und Jean-Jacques zog es in die kleinen Moskauer Nestchen mit ihren zärtlichen, hingebungsvollen Täubchen. Sie fühlten sich als Helden, diese Männer, als Helden, die gebraucht werden, von den alleinerziehenden Müttern, ihren Kindern und ihren hinfälligen Eltern ... Manchmal kamen Jean-Jacques und Rudolf zur selben Zeit nach Moskau zu Besuch, macht nichts, muss man halt improvisieren, kein Problem für kluge Frauen.

Als damals der Flughafen Scheremetjewo 2 für die Olympiade 1980 renoviert und ausgebaut wurde – dafür war eine Firma aus Westdeutschland beauftragt worden –, wurden dreihundert Ehen mit russischen Frauen geschlossen. Kein Scherz! War auch Liebe dabei? Und wie entwickelte sich diese Liebe dann dort, in der Fremde?

Bei uns in Deutschland gibt es eher ein Defizit, wo in Russland Überschuss existiert: nämlich in den Tipps und Tricks, mit denen man die weibliche Anziehungskraft unterstreichen, ja regelrecht steigern kann. Ich bewegte mich sehr schnell aus dieser deutschen defizitären Zone heraus, ohne in den etwas zweifelhaften Bereich des russischen „Zuviel" zu gelangen. Das konnte ich daran erkennen, dass mich die Russen zwar als Ausländerin wahrnahmen, aber zugleich überzeugt waren, dass ich unmöglich eine Deutsche sein könne.

Ich nahm das immer als Kompliment.

Die zweite gute Nachricht (2005)

Im sowjetischen Russland meinte man manchmal, sich über mich lustig machen zu müssen: Du bist unsere im Ehrenamt so aktive Bürgerin ... Im vorrevolutionären Russland hatte ehrenamtliche Arbeit durchaus eine Blüte erlebt, aber für die Sowjetmenschen lag über diesem Wort immer ein Hauch von Ironie. Wenn es kein privates Eigentum gibt, dann kann es auch keine Wohltätigkeit geben, sondern nur gesellschaftliche Arbeit im Namen eines abstrakten Ideals.

In Deutschland dagegen ist das etwas anderes: Wenn du dich freiwillig für das Gemeinwohl engagierst, dann fühlst du dich als Bürger deines Landes, und das wird ernst genommen. Bei uns wird sehr viel über gesellschaftliche Organisationen vorangetrieben, und auch wenn sie nicht staatlich sind, so haben sie doch enormes politisches Gewicht. Ich war mein ganzes Leben mit Organisationen und Vereinen verbunden, solchen, die wohltätige Zwecke verfolgen oder sich für Gesundheitsfürsorge, Kultur, soziale Belange und Städtefreundschaften engagieren. Die Menschen sollten sich dessen bewusst sein, dass sie selbst es sind, die die Gesellschaft darstellen. Das ist eine wichtige Säule der Demokratie, obwohl dieses Wort fast zu einem Schimpfwort geworden ist, zumindest in Russland ...

Ich war eigentlich immer auf der Suche. Wo kann man helfen, wem kann man helfen. Und so sitze ich eines Tages im Büro und höre Radio. Eigentlich höre ich gar nicht genau hin, diese Musik läuft einfach, leise, wie immer in meinem Leben, wie seit meiner jüngsten Kindheit. Sie fließt einfach aus dem Radio. Aber plötzlich hört sie auf. Stille. Seltsam. Ich schaue auf das Radio, es schaut auf mich. Schweigt. Aber niemand ist da, nur ich und das Radio. Und plötzlich, nach einem als sehr lang empfundenen Schweigen, sagt es mir direkt ins Gesicht: „Können Sie sich vorstellen, nichts zu hören? Helfen Sie tauben Kindern!" Und dann spielte die Musik weiter, als ob nichts gewesen wäre.

Ich wusste sofort, dass diese Nachricht direkt an mich gerichtet war, und am nächsten Tag wurde ich bereits Mitglied einer dieser Wohltätigkeitsorganisationen, einem Verein zur Unterstützung gehörloser Kinder, die in unserer Freiburger Klinik operiert werden. Es ist mir bis heute völlig unklar, warum mich dieses Thema so ergriff, aber ich begann, mich intensiv damit zu beschäftigen.

Ich lernte alles über kleine Geräte, Cochlea-Implantate (vom lateinischen Wort für Schnecke), mit deren Hilfe kleine Kinder das Hören lernen können. Aber hören – das ist bei Weitem nicht alles. Denn für uns, die Hörenden, ist der Lärm eines vorbeifahrenden Zuges nicht nur einfach Lärm. Wir wissen, wie dieser Zug aussieht, wir wissen, wie sich das Wort „Zug" anhört und wie man es schreibt. All das fließt zusammen in ein einziges Bild, das Geräusch eines Zuges existiert also nicht für sich, existiert nicht getrennt vom Begriff „Zug".

Aber für ein Kind, kein Baby mehr, das die längste Zeit seines Lebens in völliger Stille gelebt hat, für dieses Kind ist das Rauschen des Meeres, das Gekreische mancher Vögel, das Schlagen der Turmuhr erst einmal – Lärm. Erschreckender Lärm ... Es wäre unverantwortlich, diesem Kind die Geräusche unserer Welt zu eröffnen und es dann mit seinen Eindrücken alleinzulassen. Man muss ihm vielmehr helfen, sich zu orientieren, man muss dieses Kind „hören" lehren. Und das Erkennen von Sprache ist für dieses Kind ein aufwendiger, anstrengender Prozess. Aber leider übernahmen damals die Krankenkassen noch keine Kosten für eine nachoperative Therapie der Kinder. Es war also notwendig, Mittel für ein Rehabilitationszentrum zu finden, und genau dies war die Aufgabe dieses wohltätigen Vereins.

So vergingen einige Jahre. Ich machte Bekanntschaft mit einem Chirurgen, der damals die kleinen Kinder in der Freiburger Klinik operierte, Professor Schiller. Wir sprachen ausführlich über die Operation selbst und die notwendigen nachfolgenden Behandlungen ... und die Situation in Russland, wo Cochlea-Implantate bis dahin sehr wenig verbreitet waren. Man rechnete, dass es nur etwa 30 Operationen im Jahr gab.

Schiller wusste, dass ich seit vielen Jahren medizinische Geräte nach Russland lieferte. Und er blickte mich an, als ob ich persönlich für die gehörlosen Kinder und für die Bereitstellung von Implantaten verantwortlich sei: „Möchtest du da nicht einsteigen? Du arbeitest doch schon im Bereich der Medizin, du hast Kontakte dort ... Ich werde dich in allem unterstützen, wenn du das angehst."

Mein Gott, schon wieder! Eben erst waren doch meine Firmen aufgelöst worden, die Blümchen auf ihrem Grab waren gerade erst verwelkt! Ich will nicht, will einfach nicht, dass das noch einmal ... Die Gerichtsverfahren sind gewonnen, von Russland habe ich mich getrennt, und meinen russischen Namen habe ich mit meiner zweiten Eheschließung abgegeben. Ich arbeite nur noch allein. Keine Firma mehr und nie mehr Angestellte.

Mir reicht es ein für alle Mal!

Und so bin ich wieder in Moskau. Ich war in diesen Jahren gelegentlich in Russland gewesen, als Beraterin für Unternehmen, die ihr Geschäft nach Russland ausweiten wollten, manchmal auch als Koordinatorin für Ausstellungen und kulturelle Projekte ...

Plötzlich ein Anruf von Anatolij: „Lass uns treffen, schnell, sofort, ich mach dich mit der Stellvertretenden Sozialministerin des Moskauer Gebiets bekannt! Du setzt dich doch immer für Soziales ein! Kann doch sein, dass ihr irgendein gemeinsames Interesse habt!"

Es war wie in einem Traum, so unglaublich schnell entwickelten sich die Ereignisse: Augenblicklich sind wir im Ministerium, wo uns – völlig außer der Reihe (ach, Anatolij!) – die Stellvertretende Ministerin empfängt, sie will mich anhören – aber worüber? Über allgemeine menschliche Werte? Oder über internationale Kulturbeziehungen? Plötzlich aber, und ich schwöre, ich wusste bis zur letzten Minute nicht, was ich ihr sagen sollte, beginne ich präzise, gut strukturiert, mit klopfendem Herzen und mit leuchtenden Augen meinen Plan für die Versorgung von gehörlosen Kindern mit Cochlea-Implantaten im Moskauer Gebiet zu entwickeln, einen Plan, der die Weiterentwicklung für den russischen Markt mitdenkt, verbunden mit dem Aufbau von Rehazentren für operierte Kinder.

Die Stellvertretende Ministerin nimmt mich an die Hand und führt mich eine Etage höher, und dort ist wer? – Die Ministerin selbst! In den Korridoren sitzen und warten Männer und Frauen mit riesigen Blumensträußen in den Händen ... Es ist der Vorabend zum 8. März, und die Ministerin ist eben eine Frau. Nicht einfach also, irgendwie sogar peinlich, an diesen Menschen und Sträußen von der Stellvertretenden Ministerin zur Ministerin vorbeigeführt zu werden, vorbei an knisterndem Papier und an durchdringenden Blicken! Denn die Ministerin hat Macht – über vieles. Über Kinderheime, Waisenhäuser, Invaliden, Pflegeeinrichtungen ... jetzt muss ich nur noch ihre Aufmerksamkeit bekommen und gegenseitiges Verständnis erzielen ... Ich trete ein, im Schlepptau von Jewdokija Iwanowna: Guten Tag, ich bin Deutsche ...

Und dann, ja dann lief plötzlich alles wie geschmiert. Sowohl das „Bitte helfen Sie Ihren gehörlosen Kindern" als auch meine Kenntnisse auf diesem Gebiet, die zugesagte Unterstützung des Chirurgen Schiller und die sekundenschnelle Bekanntschaft mit wichtigen russischen Frauen, die über große Kompetenzen und seriöse Einflussmöglichkeiten verfügten ...

Ich verlasse das Ministerium mit einem riesigen Blumenstrauß und einem super Projekt! Einem Projekt mit Russland. Also doch ...

Nach Freiburg zurückgekehrt, suchte ich sofort Schiller auf. Er führte mich mit einem amerikanischen Unternehmen zusammen, das Cochlea-Implantate herstellte. Die Repräsentanz dieser Firma befand sich in Frankreich, im Elsass, also nicht weit entfernt, gleich über den Rhein. Der Geschäftsführer zeigte sich interessiert, das Unternehmen hatte ohnehin schon von sich aus Interesse an einem Geschäftsaufbau mit Russland gehabt, aber sie hatten vor diesem Russland wie vor einer riesigen Felswand gestanden und wussten nicht, von welcher Seite sie sich nähern sollten. Sie interviewten mich vier Stunden lang. Und dann unterschrieben wir den Vertrag.

Im Moskauer Gebiet lief es dank der Ministerin Walentina, auch eine Iwanowna, richtig gut. Mit ihrer Hilfe gelang es sogar, eine Gesetzesänderung bei der Gesundheitsfürsorge für Kinder im Moskauer Gebiet durchzusetzen, sodass die Operationen vom Staat bezahlt werden konnten. In der russischen Teilrepublik Baschkortostan lief es ebenfalls gut, weil ein gewichtiger Parlamentsabgeordneter, der einen gehörlosen Enkel hatte, mich sofort unterstützte ...

Parallel dazu gründete ich eine russische Stiftung mit dem Namen „Die Welt hören". Damit wurde überhaupt erst die Möglichkeit geschaffen, Informationen zu verbreiten, westliche Chirurgen einzuladen, die ihre Erfahrungen weitergeben konnten, und die Ausbildung von Sprachtherapeuten zu gewährleisten. Niemand verstand mich damals, niemand begriff, wozu diese Stiftung unabdingbar sei, alle zuckten mit den Schultern. Und nur wenige waren bereit, in den Beirat zu gehen.

Zu Hause, in Freiburg, nahm ich einen Verein zur Unterstützung meiner russischen Stiftung in Angriff, und in diesen „Verein zur Unterstützung der Stiftung" trat dann sofort Professor Schiller ein, auch der damalige Stellvertretende Außenminister sowie Freunde, die eng mit der Firma Mercedes verbunden waren ...

Langsam kam also Bewegung in die Sache. Wir hatten die Mauer durchbrochen!

Die Stiftung „Die Welt hören" wurde feierlich und prächtig eröffnet, in Moskau im Mercedes-Zentrum. Neben dem deutschen Botschafter waren Vertreter der Presse anwesend, Professoren, Gesundheitsminister, Kinder, die bereits operiert waren und kleine Gedichte vortrugen.

Alles entwickelte sich so, wie ich es erträumt hatte. Russische Chirurgen kamen zur Weiterbildung nach England und Deutschland, westliche Spezialisten fuhren nach Russland, um Kurse zu geben, die

Kinder erhielten nachoperative Rehamaßnahmen und wurden dabei von Psychologen und Sprachtherapeuten begleitet. Mir selbst wurde die Ehrendoktorwürde der Medizinischen Universität von Baschkortostan verliehen, sogar der Präsident der Republik sprach mir persönlich seinen Dank aus.

Wir führten die Spezialisten, die gehörlosen Kinder und ihre Eltern jedes Jahr für zwei Wochen in Camps zusammen, wo sie professionell versorgt und einzeln geschult wurden und sich untereinander bekannt machen, anfreunden und unterstützen konnten, indem sie ihre Erfahrungen teilten. Diese Veranstaltungen waren immer besonders anrührend, zugleich auch inspirierend. Ganz so, als wollte man mir das Geschenk machen, mich selbst zu überzeugen, dass alles richtig war so.

Heute, nach vielen Jahren, kann ich gar nicht mehr verfolgen, wer alles diese Implantate bekommen hat, wie sich die Kinder entwickelt haben und was aus ihnen geworden ist. Aber damals, damals war jede einzelne Geschichte jedes einzelnen Kindes zugleich meine persönliche Geschichte. Bis heute sind sie mir lieb und teuer, meine ersten Patientinnen und Patienten, bis heute schaue ich mit Freude ihre Fotografien an, und stelle mir vor, wie sie lernen und vielleicht sogar studieren. Insgeheim bin ich doch stolz darauf, diese Technologie in Russland mit vorangetrieben und damit so vielen Kindern die Welt des Hörens eröffnet zu haben.

So habe ich meine Spuren in Russland hinterlassen wie auch Russland mein Leben geprägt hat.

Anmerkung der Übersetzerin

Ich spürte, dass dies ein besonderes Buch werden würde: Eine Freiburgerin, Slawistin, polyglotte Unternehmerin mit vier Jahrzehnten Russlanderfahrung, weit gereist, kommunikativ, aufgeschlossen, humorvoll, erzählt ihrer russischen Freundin Natalia aus ihrem Leben. Kuriose, intime, peinliche, erfreuliche, brisante Erlebnisse, berührende und verstörende Begegnungen, oft auch einfach Alltagserfahrungen aus der vergangenen Sowjetunion, aus Zeiten des Umbruchs und aus der jüngeren Vergangenheit Russlands. Schonungslos, offen und dennoch voller Empathie, bestens vertraut mit Russland und seinen Menschen, nicht wertend, aber immer genau beobachtend, vor allem auch sich selbst.

Ein Buch mit Skizzen ganz unterschiedlicher Art, in russischer Sprache von Karin erzählt, dann künstlerisch geformt von ihrer russischen Freundin Natalia, die damit ihr literarisches Erstlingswerk vorlegte. Deutsche Erfahrungen also, in russischen Worten vermittelt und mit russischem Blick reflektiert, dann wieder ins Deutsche zurückübertragen und dadurch mehrfach gespiegelt.

Erfahrungen in Russlands Hauptstädten, in der russischen Provinz, Ehe mit einem Russen – konsequent und sensibel reflektiert vor dem Hintergrund der eigenen Familiengeschichte mit einem Vater, der seinerzeit in sowjetischer Kriegsgefangenschaft gewesen war, und einer von Angst vor allem Russischen geprägten Umgebung in Freiburg, das sich in dieser Hinsicht wohl kaum von anderen Orten in der Bundesrepublik unterschieden haben dürfte.

Deutsche und russische Vorurteile und Klischees, Verdrängungen und Verständigungen als breit angelegter Spiegel deutsch-russischer Beziehungen in individueller Perspektive. Damit auch ein Stück deutscher Nachkriegsgeschichte und zugleich ein packender Einblick in das Leben einer besonderen Frau.

Es war nicht allein meine beglückende Freundschaft mit Karin und Natalia und auch nicht nur meine professional fundierte Begeisterung über dieses außergewöhnliche Experiment eines Kulturtransfers – vielmehr waren es die Geschichten selbst, die mich veranlassten, die Texte ins Deutsche zu übertragen, dann gemeinsam mit Karin grundlegend zu überarbeiten und in neuer Form auch einer deutschen Leserschaft zugänglich zu machen.

In jüngster Zeit sind die deutsch-russischen und russisch-deutschen Beziehungen durch den russischen Aggressionskrieg gegen die Ukraine einer Belastungsprobe ausgesetzt, die in ihre Tragweite noch nicht abzusehen ist. Verständigungsversuche scheinen derzeit kaum vorstellbar – und sollten es doch sein. Das vorliegende Buch könnte die Erkenntnis befördern, dass ein Dialog möglich ist, mehr noch: unverzichtbar.

Freiburg, im Juni 2022   Elisabeth Cheauré